EBS CEO 특강 2
글로벌 리더

EBS CEO 특강 2
글로벌 리더

1쇄 발행 _ 2010년 3월 22일
2쇄 발행 _ 2010년 4월 1일

지은이 _ 〈EBS CEO 특강〉 제작팀
발행인 _ 정은영
책임편집 _ 한미경
마케팅 _ 박경만
디자인 _ 디자인 붐
펴낸곳 _ 마리북스
출판등록 _ 2007년 4월 4일 제313-2010-32호

주소 _ 서울시 마포구 서교동 366-24 대덕빌딩 304호
전화 _ 02) 324-0529 · 0530
팩스 _ 02) 324-0531
홈페이지 _ www.maribooks.com
출력 _ 스크린출력
찍은곳 _ 재원프린팅
ISBN 978-89-94011-12-7 03320

EBS CEO 특강 2

글로벌 리더

〈EBS CEO 특강〉 제작팀 지음

우리 시대 핵심 기업 CEO들이 말하는
글로벌 리더의 요건과 자질!

마리북

성공한 CEO는 두 가지로 요약된다고 한다. 기업가 정신과 개척 정신, 그리고 사회적 책임을 다하는 노블리스 오블리주이다.

〈EBS CEO 특강〉은 뛰어난 경영능력을 보여준 우리 시대의 아이콘들을 소개하는 프로그램이다. 기업의 대표든 한 개인이든 경영자가 아닌 사람은 없다. 인생을 경영하는 일은 비단 경영자만의 특권이 아니기 때문이다. 그럼에도 불구하고 최고경영자를 소개하는 것은 자신의 인생을 계획하고 경영하는 일에 성공한 경영자들의 시행착오와 성공이 반면교사反面教師가 될 터이기 때문이다.

기업의 대표를 만나는 것은 그다지 어려운 일이 아니다. 세상에는 수많은 기업인이 있기 때문이다. 그러나 이 시대를 대표하는 진정한 최고경영자를 만날 기회는 쉽게 오지 않는다.

그렇다면 어떤 경영자가 이 시대를 대표하는 최고의 경영자라고 할 수 있을까?

안목眼目이다. 눈 안眼은 대상을 물리적으로 본다는 의미라면, 눈 목目은 볼 수 없는 대상의 구조와 흐름을 꿰뚫어볼 수 있는 능력을 의미한다. 통찰력을 지닌 인물이라고 할 수 있다. 그렇다. 최고경 영자는 뛰어난 안목을 지닌 사람이다. 무릇 세상의 모든 일이 그렇지만 사업을 하려면 세상의 흐름을 정확히 예측해낼 수 있어야한다. 무수한 고민 끝에 준비와 결단을 통해 현재와 미래를 만들어낸 사람들, 자신의 목표를 위해 꿈과 열정을 세상에 보여준 경영자들을 우리는 '최고경영자'라고 부른다.

〈EBS CEO 특강〉은 쉽게 만나기 어려운 CEO들을 모셔서 그들의 경험과 비전을 공유하고자 한 프로그램이다. CEO들이 말하는 '변화와 혁신' '노블리스 오블리주' '미래 비전' 같은 명제 또한 진정한 CEO들이 공통적으로 갖고 있는 미덕이자 철학이기도 하다.

최고경영자의 모습은 화려하다. 그래서 "항상 절벽 위에 서 있는 자신을 발견하곤 한다"라는 어느 CEO의 진솔한 말은 늘 변화하고 개혁하지 않으면 생존할 수 없다는 기업의 생존원칙을 잘 드러낸 말이기도 하다. 이것이야말로 '생즉사 사즉생生則死死則生'의 자세가 아니고 무엇이란 말인가?

이 프로그램을 기획, 연출한 프로듀서의 입장에서 출연해주신 CEO들에게 한결같이 주문한 이야기가 있다. "〈CEO 특강〉은 철저히 특강을 하시는 경영자가 꾸미는 프로그램으로 자신의 삶과 철학이 녹아 있는 특강 콘서트라고 할 수 있습니다. 자신의 특강 무대를 자신만의 색깔로 칠하십시오"라고 주문 아닌 주문을 했다.

이 시대 아이콘들이 들려주는 말은 "꿈과 열정을 갖고 살아라!"

"당신이 평생 하고 싶은 일을 하라!" "꿈을 꾸는 사람만이 꿈을 이룰 수 있다!" "용기를 갖고 도전하라!"라는 것으로 요약된다.

제작자로서 여기에 한마디를 덧붙이자면, '아무 일도 하지 않으면 그 어떤 일도 생기지 않는다' 는 것이다.

2010년 3월
〈EBS CEO 특강〉 제작 프로듀서 장도훈

| 차례 |

PART 3 휴먼 캐피털 경영

PART 1

하이퍼포먼스 경영

직원을 Worker가 아닌 Lover로 만들어라

존경받는 기업의 조건과 글로벌 리더십

이덕진(李德鎭, Duck Jin Lee) 유한킴벌리 부사장

1973 유한킴벌리 입사

1990 유한킴벌리 인사 및 품질경영 담당 상무

2003 킴벌리클라크 북아시아 경영혁신 및 HR 담당 부사장 겸임

2006 한국윤리경영학회 부회장(임직)

국민포장 기업윤리경영 공로/국가청렴위원회

2007 유한킴벌리 부사장/이사회 회장

뉴 패러다임 평생학습클럽 회장(임직)

인간존중과 투명 · 환경 · 지식경영의 전도사

이덕진 회장은 지난 40여 년간 유한킴벌리의 성장을 위해 자신의 반평생을 바쳤다. 그는 직원들이 무조건 일만 열심히, 또는 많이 한다고 해서 반드시 기업 경쟁력이 높아지는 것은 아니라고 말한다. 그보다는 기업 내에서 직원 한 사람 한 사람의 지속적인 발전과 재충전이 일어나야 기업 경쟁력도 높아질 수 있다고 주장한다. 유한킴벌리는 그 일환으로 교양교육, 봉사, 영어회화 등 회사에서 직원들이 평생학습을 할 수 있는 정책을 실시하고 있다. 이러한 교육으로 인해 직원들의 창의력과 자발적인 주인의식, 그리고 기업가 정신이 더욱 깨어날 것이라고 강조한다. 이것이 유한킴벌리가 꾸준히 실천해온 '평생학습 모델'이다.

직원을 Worker가 아닌 Lover로 만들어라

'존경받는 기업은 존경받는 직원에 의해 만들어진다.'
그는 직원들이 혁신의 주인공이 되기 위해서는 heart(가슴)를 써야 한다고 말한다. 가슴속에는 단순히 사랑을 떠나 신뢰, 존경, 그리고 주인의식 등 기업의 성공을 위해 필요한 모든 것이 들어 있기 때문이다. 직원들을 'Worker(일하는 사람)'에서 'Lover(사랑하는 사람)'로 만드는 그만의 노하우는 무엇일까? 일을 사랑하고 동료를 신뢰하는 직원들이 만들어가는 존경받는 기업 유한킴벌리의 Heart(가슴) 경영에 대해 들어보자.

6년 연속 존경받는 기업, 아시아 최고의 직장으로 꼽히는 기업 유한킴벌리의 회장 이덕진. 그는 우리나라를 대표하는 위생 건강용품 기업에 40년 가까이 몸담으면서 인간 존중의 기업정신을 바탕으로 투명·환경·지식경영을 그 누구보다 잘 이해하고 실천해왔다. 그 결과 유한킴벌리는 우리 사회에서 가장 존경받는 기업이 되었고, 그 또한 우리 사회에서 가장 경쟁력 있는 경영인의 한 사람으로 손꼽히고 있다.

그는 지난 몇 년간 직원들의 평생학습을 바탕으로 한 기업 혁신에 주력해왔다. 이 평생학습 모델은 283여 개의 크고 작은 조직에서 벤치마킹했을 뿐만 아니라 직원들의 마음을 스스로 움직여 회사의 생산성과 삶의 질을 높였다는 평가를 받고 있다. 그는 "일만 열심히 한다고 경쟁력이 높아지는 것은 결코 아니다"라고 강조한다. 4일 일하고 4일 쉬는 꿈의 직장, 그 마법을 이루어낸 중심에 CEO 이덕진이 있다.

경영학자 짐 콜린스Jim C. Collins를 아는가? 《좋은 기업을 넘어 위대한 기업으로Good to Great》라는 책을 쓴 사람이다. 그는 이 책에서 11개 기업의 예를 들어 보통 기업이 아닌 위대한 기업에 대해서 설명했는데, 그중 하나가 킴벌리클라크Kimberly Clark이다.

킴벌리클라크는 위생 기저귀, 생리대, 미용 티슈, 종이 타월 등의 위생용품과 건강용품을 만드는 미국 유수의 기업이다. 1872년 선도적인 기업가 정신으로 의기투합한 존 A. 킴벌리John A. Kimberly, 찰스 B. 클라크Charles B. Clark, 하빌라 밥콕Havilah Babcok, 프랭크 섀턱Frank Schattuck이 회사를 설립해 오늘에 이르렀다. 유한킴벌리는 전 재산을 사회에 환원한 고故 유일한 박사가 킴벌리클라크와 합작해서 만든 기업으로, 유한양행의 기업문화와 경영철학이 킴벌리클라크의 전통, 그리고 혁신의 정신과 잘 결합되어 있다. 나는 유일한 박사의 기업가 정신과 킴벌리클라크의 혁신의 정신을 본받으려고 노력하고 있다.

내가 기업을 경영하는 데 있어 영향을 미친 또 한 분이 있는데, 현대 경영의 아버지, 더 나아가 현대 경영의 할아버지라고도 부르는 피터 드러커Peter F. Drucker이다. 그의 사상과 철학을 짧게 요약하면 혁신, 평생학습, 사회책임, 그리고 기업가 정신entrepreneurship으로 표현할 수 있다.

나는 그중에서 기업가 정신에 주목한다. 기업가 정신이라고 하면 창의력, 주인의식, 책임의식 등 여러 가지가 있을 것이다. 그리고 우리가 흔히 말하는 고객만족도 빼놓을 수 없는데, 이 고객이라는 개념을 처음 만든 사람이 바로 피터 드러커이다. 우리는 드러커가 제시한 이런 경영 원칙들, 다시 말해 인간존중, 고객만족, 사회공헌, 가치창조, 혁신주도를 회사의 경영방침으로 삼고 이를 실천하기 위해 부단히 노력해왔다.

존경받는 기업의 조건

나는 평소 기업의 사회적 평판이 매우 중요하다고 생각해왔다. 어쩌면 자랑처럼 들릴 수도 있겠지만, 그동안 유한킴벌리가 펼쳐온 여러 사회적 활동에 대해 국민들이 인정해주고 좋은 평가를 내려주는 것 같다. 감사하는 마음으로 유한킴벌리의 사회적 활동에 대해 잠깐 소개를 하겠다. 아울러 오늘날 경영에서 기업의 사회적 역할이 왜 중요한지에 대해서도 말씀드리겠다.

먼저 존경받는 기업에 대한 이야기부터 해야 할 것 같다. 과거의 기업활동에서는 '큰 기업' '이윤을 많이 내는 기업' '대기업' 등의 개념이 중요했다. 하지만 오늘날엔 규모와 함께 '대한민국 지속가능 경영대상' '존경받는 기업' '한국 최고의 직장' 등이 기업의 새로운 가치로 자리 잡고 있다.

사실 기업이 존경받는다는 것이 어떤 의미인지 막연할 수 있다. 그러나 눈에 보이지 않는 이상적인 것을 평가하는 만큼 상당한 구체성을 띤 평가여야 할 것이다.

기업이 존경받는다는 것은 무엇일까? 이 질문은 기업이 왜 존재하는가, 누구를 위해 존재하는가라는 질문과도 일맥상통한다. 여기서 기업이 섬겨야 하는 그룹을 다섯 그룹으로 나누어 평가할 수 있다. 이들 그룹을 '주요 이해관계자stakeholder'라고 하는데 기업 또는 경영과 관련을 가지며 기업에 영향을 미치는 사회집단으로 이해당사자 또는 이해관계자라고 말한다.

이 다섯 그룹은 기업의 사원, 고객, 주주, 사회, 마지막으로 환경이다. 기업이 이들 그룹을 얼마나 올바르게 섬겼는가, 잘 섬겼는가, 이들에게 얼마나 존경을 받고 어떤 평가를 받고 있는가, 이들을 올바르게 섬기기 위해 얼마나 구체적인 시스템이 회사 내에 있으며 어느 정도 성과를 내고 있는가? 이와 같은 질문에 대해 냉정하게 측정해서 내린 평가를 기준으로 존경받는 기업인지 아닌지를 가늠한다.

지속가능경영은 곧 환경친화적 경영이다

존경받는 기업이 되기 위한 조건 중 하나는 지속가능경영의 여부이다. 요즘은 지속가능경영이 꾸준히 화두가 되고 있는데, 얼마나 지속가능경영을 하느냐가 좋은 기업의 측정 기준이 된다. 지속가능경영은 전통적으로는 '환경친화적 경영'을 말한다. 지속가능경영, 즉 '서스테이너블 매니지먼트sustainable management'는 환경을 파괴하는 순간 지속가능은 없다. 따라서 지속가능경영을 이야기할 때 최우선으로 언급하는 것이 환경친화적 경영이다.

나는 지속가능한 것에 대한 연구를 계속한 결과, 환경친화는 물론 윤리적인 경영, 다시 말해 투명한 경영을 저버리고는 기업이 지속가능할 수 없다는 사실을 발견했다. 이런 맥락에서 윤리경영도 지속가능경영의 중요한 요건이라고 할 수 있다.

지속가능을 위한 다음 조건은 학습조직이다. 조직 내에서 학습이 지속적으로 이루어지고 혁신이 이루어지는 문화가 자리 잡지 못하면 지속가능은 쉽지 않다.

이제는 기업도 사회의 일원으로서 사회에 기여하지 않고서는 지속가능이란 없다. 하물며 사회에서 지탄받는 기업이라면 두말할 나위가 없다. 그래서 사회에 공헌하고 사회적인 책임을 다하는 기업을 지속가능하다고 보고, 지속가능한 경영에도 이러한 구체적인 항목들이 다 포함되는 것이다.

최고의 직장과 3S

존경받는 기업은 젊은이들에게 최고의 직장으로 꼽힐 수 있는 기업이라 생각한다. 그렇다면 최고의 직장이란 과연 어떤 직장일까? 좀 막연한 질문일 수 있는데 나는 '베스트 임플로이어best employer'라는 개념으로 설명하곤 한다. 다음의 세 가지 질문에 3S로 답할 수 있어야 최고의 회사라고 할 수 있을 것이다.

첫 번째, 직원들이 우리 회사가 좋다고 다른 사람들에게 말하는가? 이 질문에 직원들이 '세이say'로 답할 수 있어야 한다.

두 번째, 회사를 떠나지 않고 계속 회사에 머물면서 일하고 있는가? 역시 '스테이stay'로 답할 수 있어야 한다. 이것은 이직률로 나타나는데, 이직률이 높은 회사는 직원들이 스테이를 못한다는 것을 의미한다. 이직률이 낮은 회사일수록 좋은 회사이다. 우리 회사는 이직률이 2008년 기준 0.1퍼센트로 국내 제조업 평균의 1/11 수준인데, 이는 직원들의 고용 안정성과 만족도가 높다는 것을 의미한다.

세 번째는 '스트라이브strive'이다. 이것은 나의 모든 것을 회사에 아낌없이 내놓을 수 있을 정도로 회사와 내가 하나가 될 수 있나 하는 개념이다. 이 스트라이브의 개념에 대해 우리 회사의 어떤 분이 농담으로 이런 이야기를 한 적이 있다. "스트라이브란 마치 여러분의 자녀들이나 회사 동료들이 밤에 잠을 자다가 갑자기 새벽 4시에 일어나서 '아, 밤이 너무 길어. 빨리 회사 가서 일하고 싶어'라고 말하는 것과 같다." 약간 억지스러운 표현이긴 하지만, 만약 직원들의 입에서 그런 말이 저절로 나온다면 그 회사는 성공한 회사이다.

이것이 스트라브의 개념이다. 이 회사에 나의 모든 것을 맡길 수 있고, 회사의 리더십을 존중하고, 회사의 비전을 자신의 비전으로 여기고, 자신이 하는 일을 진정으로 보람 있는 일로 여길 때 가능한 것이다. 이것이 한국 최고의 직장, 베스트 임플로이어를 측정하는 내용이다. 이 모든 면에서 우리 회사는 1위를 하고 있고, 그 결과 존경받는 기업의 대열에도 합류하게 된 것이다.

기업의 출발과 위기

많은 분들이 유한킴벌리는 좋은 합작, 또 처음에 이야기한 그런 좋은 기업가 정신으로 출발했기 때문에 탄탄대로를 달려왔을 것이라고 생각한다. 하지만 그렇게 모든 조건이 갖추어져서 쉽게 돌아가는 기업이란 있을 수 없다. 우리 기업에도 늘 위기가 있었지만, 냉혹한 현실을 딛고 여기까지 온 것이다. 기업의 위기는 시장 변화 추세를 보면 금방 알 수 있다.

사실 1970년대, 우리 회사가 출범했을 당시 출발은 비교적 순탄했다. 하지만 1980년대, 1990년대 들어오면서 업계에서 국내 굴지의 업체들이 생겨났고, 세계적으로 석권하고 있던 기업들도 국내에 속속 들어왔다. 우리 사업 부문에서 우리나라 시장이 최고로 치열한 시장이 되어버린 것이다.

그때는 어떻게 살아남느냐가 최대의 과제였다. 급기야 1990년대 중반에는 우리의 주력 업종 중 하나인 여성용품을 접어야 하는 위기까지 갔다. 그 위기를 어떻게 극복하고 오늘에 이르렀는지를 여러분에게 꼭 이야기하고 싶다. 이것이 내가 여러분에게 이야기하고자 하는 핵심이기도 하다. 아래는 당시의 여성용품 시장점유율을 정리한 표이다.

여기서 YK가 유한킴벌리인데, 경쟁자가 거의 없던 상황에서 시장점유율 20퍼센트 이하라는 것은 시장을 접어야 할 위기에 놓였음을 의미한다. 1위 업체는 60퍼센트를 달리고 있었으니 말이다. 그때 앞으로 어떻게 할 것인가 하는 대개혁의 서막이 시작되어, 1995년부터 대대적인 혁신과 개혁이 추진되었다. 그야말로 살아남기 위한 마지막 선택이었다.

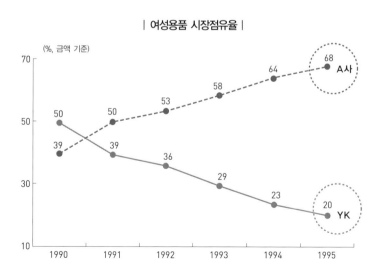

| 여성용품 시장점유율 |

재도약을 위한 대개혁

　그 후 시장점유율은 아래 표에서 보는 것과 같이 달라졌다. 선두를 달리던 기업이 2위, 3위로 내려가고 유한킴벌리가 쭉쭉 올라갔다. 다른 주력 업종도 이와 비슷한 추세로 돌아서면서 오늘날 여러분이 가장 사랑하고 아껴주는 기업으로 거듭난 것이다.

　경제 성과로 보면 1990년부터 9년 간격으로 1,600억에서 3배, 또 3배 이런 식으로 성장해서 2008년에 드디어 1조 원을 돌파했다. 순이익은 그야말로 괄목할 만한 성장을 하여 거의 10배에서 20배의 성장을 보였다.

　이런 놀라운 성장의 예는 흔하지 않았기에 우리 회사는 동북아 지역에서 모범 경영의 사례가 됐다. 처음에 유한킴벌리는 분명히

| 여성용품 시장점유율(1995년 이후) |

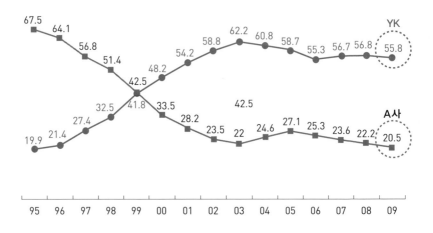

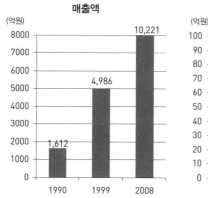

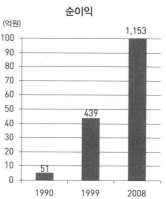

합작회사라고 했는데, 어떻게 동북아의 중심 회사가 됐을까 궁금할 것이다.

중국, 홍콩, 대만, 일본, 몽골, 극동 러시아 지역의 회사들은 킴벌리클라크가 100퍼센트 지분을 소유하고 있다. 이 회사들에 유한킴벌리의 경영진이 파견되어 경영을 돕고, 경영전략도 함께 논의한다.

그리고 더 중요한 것은, 폭발적으로 성장하는 중국시장에 유한킴벌리의 최첨단 프리미엄 제품들이 그대로 공급되는 전략으로 바뀌었다는 사실이다. 우리가 한국에서 잘했기 때문에 아시아 전체에서 '선도 국가'가 되고, 모든 지역에 유한킴벌리가 만든 제품을 공급하는 결과를 가져올 수 있었던 것이다.

대개혁의 핵심

이렇게 상황이 역전되자 많은 사람들이 어떤 혁신을 추진했기에 이러한 쾌거를 가져올 수 있었는지 물어왔다. 가장 중요한 핵심만을 요약하면 투명하고 윤리적인 경영, 환경친화적 경영, 평생학습 경영, 기업의 사회적인 책임을 꼽을 수 있다. 이에 대해 좀더 자세히 말씀을 드리겠다.

첫째, 투명하고 윤리적인 경영

아직도 많은 경영진이, 또 일반 기업을 바라보는 사람들이 이런 의구심을 갖는다. 윤리적이고 투명한 경영을 하면 회사에 진실로 유익할까? 현실은 그렇지 않은데 그것을 이루려면 얼마나 많은 어

| 선순환 메커니즘 |

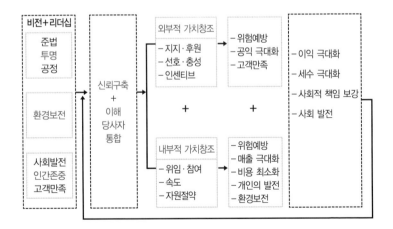

려움이 따를까? 그것이 경영에 구체적으로 어떻게 도움이 될까? 윤리경영, 투명경영을 하면 왠지 손해 보는 느낌이라 솔직히 실천하기 망설여진다고 말이다.

이에 대한 답변으로 윤리경영은 경쟁력의 원천이라고 확실히 말씀드릴 수 있다. 잠시, 24쪽의 선순환 메커니즘을 보기 바란다.

가장 먼저 비전과 리더십이 나온다. 법을 잘 지키고 투명하고 공정한 비전과 리더십은 점차 신뢰를 얻게 된다. 신뢰를 얻으면 어떻게 되겠는가? 그 신뢰를 바탕으로 위에서 말씀드린 이해당사자들, 즉 기업을 둘러싼 이해당사자들이 신뢰를 하고 통합이 되면서 지속적인 지원이 이루어진다. 지원이 이루어지면 내부 고객들은 하나가 되고 거기서 가치창조가 일어난다.

결국 이것은 기업의 이익 증대라는 결과로 나타난다. 이익이 증대되면 사회적으로는 세금을 많이 내서 좋다. 사회적 책임을 다한다는 것은 사회 발전에 기여한다는 의미이다. 이것은 선순환을 그리게 된다. 즉 그 기업을 바라보는 모든 이해당사자들이 그 기업은 좋은 기업이니까, 그 기업을 애호하고 아껴주며 지원해주게 된다. 소비자들은 그 기업의 제품을 선호한다. 이렇게 해서 선순환이 일어나는 것이다.

둘째, 환경친화적 경영

환경과 경제에 대한 혁신 메커니즘, 이것도 하나의 선순환 메커니즘이다. 최근에 아기 기저귀에 대해서 논란이 많았다. 아기 기저귀는 사용하기에는 편리하지만 그것을 완전히 분해하려면 오랜

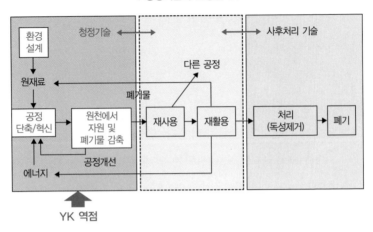

| 청정기술과 환경설계 |

시간을 필요로 하기 때문에 환경 공해에 우려의 시선을 보내는 사람들이 많았다. 우리는 세계 최초로 생분해가 가능한 플라스틱을 만들어 디자인 단계에서부터 이것을 적용하고 있다. 그리하여 이 문제에 대한 획기적인 해결책을 제시함과 동시에 환경친화적 경영을 추구하고 있는 것이다.

셋째, 평생학습 경영

우리는 직장을 생산과 교육, 학습의 장으로 전환해야 한다는 생각을 강하게 가지고 있다. 직장이 단지 생산을 하는 장소만이 아니라, 직장 내에서 개인의 학습이 이루어져 개인의 발전을 위한 재충전이 일어난다면 더할 나위 없이 좋을 것이라고 생각하기 때문이다.

'지식 반감 주기'라는 것이 있다. 이는 여러분이 학교를 나와서 기업에 입사할 때 가지고 있던 지식의 크기를 100으로 보았을 때, 기업에 들어가서 아무런 재충전 없이 그대로 간다면 그 지식의 총량이 절반인 50으로 줄어드는 데 걸리는 시간을 말한다. 과거에는 재충전 없이도 10년, 20년을 버텼지만, 요즘은 1~2년을 버티기가 어렵다. 내가 가진 지식이 절반으로 줄어드는 데 채 1~2년이 안 걸릴지도 모른다.

그렇다면 해결책은 무엇일까? 직장 내에서 지속적으로 재충전이 일어나야 한다. 여기서 말하는 재충전은 지식의 충전만을 가리키는 것이 아니다. 몸과 마음, 영혼, 사회성 등 모든 면에서의 재충전을 의미한다. 직장 내에서 이것이 어떻게 가능할지 아래 표를 보기 바란다.

표의 가장 아래에 있는 문제기업에서는 직원들의 재충전이 일어나지 않는다. 때문에 직원들이 회사에 들어와서 조기 은퇴할 수

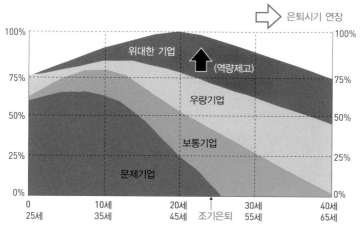

| 직장을 생산과 교육과 학습의 장으로 |

밖에 없고, 더불어 제2의 인생도 행복하게 살 수 없는 모델이다. 반면에 가장 위에 있는 위대한 기업 수준으로 가면, 지속적인 재충전으로 인해 직원들의 역량 역시 높아진다. 그 결과, 중년이 되어 최고 직급 수준까지 올라갈 수 있고, 몸과 마음의 재충전이 이루어진 상태에서 은퇴를 하게 된다. 이렇게 개인과 가정과 사회에 기여할 수 있는 사람으로 기업을 떠날 수 있다면 이것이야말로 윈, 윈, 윈, 윈이다. 개인과 가정, 그리고 직장과 사회 모두가 살아나는 것이다.

이러한 꿈의 모델이 이루어지려면 기업들이 직장 내에서 왜 재충전이 일어나야 하고, 평생학습이 이루어져야 하는지에 대해 좀 더 많은 공감을 해야 할 것이다.

우리 회사에서 평생학습을 도입하게 된 배경을 잠깐 말씀드리

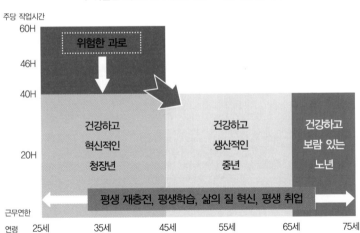

| 위험한 과로 대신 평생학습 · 혁신역량 강화 |

면, 물론 인간을 존중하고 중요시하는 차원에서 만들어졌다. 하지만 그보다 더 우리의 기업환경이 그것을 계속 필요로 하고 요구한다고 할 수 있다. 우리 회사의 방침과 가치관은 직원들에게 지속적인 발전과 재충전을 할 수 있게 되어 있다.

우리 회사의 근무 시스템을 보면, 1년의 절반은 일하고 절반은 쉰다. 그 대신 일하는 날은 12시간씩 일을 한다. 12시간씩 일을 하면 하루에 2개 조 24시간 가동을 할 수 있다. 그러면 4개 조가 있으니까 절반은 일하고 절반은 쉰다.

그리고 쉬는 나흘 중에 하루는 회사에 나와서 교육을 받는다. 교육을 받는다고 해서 강의실에 앉아서 강의를 듣는 것이 아니다. 일부는 강의실에서 교육을 받기도 하지만, 대부분은 팀 단위로 서로 배운 것을 나누고 연구하며 실천하는 시간이다. 우리의 경쟁력

| 4조 2교대 근무 시스템 |

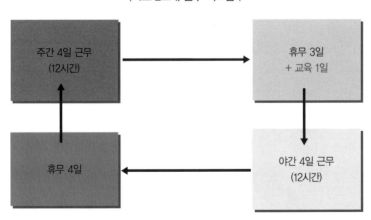

1주기(16일) 근무시, 8일은 근무하고 8일은 쉰다. 쉬는 8일 중에 1일(하루)은 교육(팀 활동, 연구계획 등)을 받는다.

은 거기서 나온다고 할 수 있다.

우리 회사 직원이라면 누구나 직급별로 공통과목을 정해 교육을 받는다. 때문에 교육을 다 받고 나면 누구나 최고 지식을 가진 근로자가 되는 것이다. 예전 같으면 현장 근로자는 자신이 맡은 분야인 생산에서만 책임을 다하면 되었다. 하지만 이제는 현장 근로자도 이 모든 지식을 함께 익히는 만큼 전형적인 육체 근로자에서 지식 근로자로 거듭나고 있다.

우리가 펼치고 있는 지식경영 중에 '고성과 조직', 즉 '하이 퍼포먼스 오가니제이션high performance organization'이란 게 있다. 이 하이 퍼포먼스 오가니제이션은 '매우 참여적인 조직' 또는 '자율 경영 팀' 등으로도 불린다.

참여적인 경영이란 조직이 시키는 대로 하는 것이 아니라, 직원

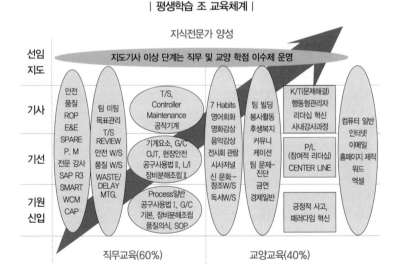

| 평생학습 조 교육체계 |

지식전문가 양성

한 사람 한 사람이 모두 경영의 주체가 되어 문제를 해결하고 목표를 설정하는 것이다. 우리는 현장 직원을 뽑을 때도 현장 직원이나 현장 팀 리더가 직접 면접을 하도록 한다. 물론 공장장도 면접을 보긴 하지만 그만큼 자율성이 높다. 자율성이 높다는 것은 모든 팀이 성숙되고 능력이 있는 팀이라는 뜻이기도 하다.

평생학습의 결과

평생학습 경영을 거북이처럼 꾸준히 시행한 결과, 처음에는 당장 가시적인 효과가 나타나지 않았지만 점차 위력을 발휘하기 시작했다. 대표적으로 다음과 같은 효과가 나타나기 시작했다.

첫째, 1인당 평균 제안활동 건수가 많아졌다.

우선 1인당 평균 제안활동 건수가 두드러지게 많아졌다. 제안활동의 중요성과 효과에 대해서는 요즘 여기저기서 회자되고 있다.

제안활동은 현장 직원들의 지식과 능력을 최대한 활용해서 생산성을 올리고 품질도 높일 수 있는 입증된 좋은 방법이다. 직원 제안 건수에서 세계 최고라고 할 수 있는, 여러분도 잘 아는 도요타 자동차는 1년에 한 사람 평균 14건의 제안을 한다. 그냥 제안으로 그치는 것이 아니라 실제로 채택되어 실행에 옮겨지는 것 말이다. 유한킴벌리는 지금 11건으로 거의 최고 수준이라고 할 수 있다. 우리는 이것이 모두 평생학습의 결과라고 본다.

둘째, 평생학습으로 안전(산재)사고가 감소했다.

안전에 대해서도 말씀드리고 싶다. 과거에는 1년에 10건가량의 크고 작은 안전사고가 일어났다. 이는 비단 경제적인 손실뿐만 아니라 회사나 가족에게도 커다란 비극을 안겨주는 불행의 씨앗이다. 우리는 이 안전사고를 거의 제로에 가깝게 만들었다. 이 또한 인간 존중의 결과일 것이다.

셋째, 유아용품의 생산성이 2배 이상 증가했다.

어떤 회사든 뭐니 뭐니 해도 생산성이 가장 관건일 것이다. 우리 회사는 1999년에 시간당 1만 6,000개를 만들어내는 생산라인을 가지고 있었다. 하지만 같은 생산라인, 같은 기술을 가지고도 사람들의 능력이 바뀌자 2배에 가까운 생산성을 내는 결과를 가져왔다. 물론 모든 생산현장이 유한킴벌리의 모델과 똑같지는 않을 것이다. 그래도 분명한 것은 우리 회사는 직원들의 평생학습을 통해 평생 혁신을 가능케 함으로써, 경쟁력을 높이는 메커니즘으로 생산성이 2배 이상 증가된 결과를 보였다는 것이다.

넷째, 소비자 불만 최저, 세계 최고의 품질 수준을 인정받게 되었다.

그다음이 품질, 즉 '퀄리티quality'이다. 이것을 측정하는 방법은 여러 가지가 있겠지만, 우리는 소비자 불만 비율이 어느 정도 되는지로 측정했다. 그랬더니 같은 생산라인에서 미국이 생산성 면에서 베스트를 기록했다. 그래서 세계 각국에서는 월드 베스트, 가장 좋은 품질을 유지해오고 있는 미국을 벤치마킹했다. 그런데

10년 전부터 유한킴벌리가 미국을 추월하기 시작해서, 대전과 군포 공장이 세계 최고 품질의 제품을 만들어내는 공장이 되었다. 같은 생산라인과 같은 기술을 가지고 세계 제일의 품질을 유지하는 기업이 된 것이다.

이런 과정들을 통해 실질적으로 우리 회사의 사원들이, 회사가, 문화가 많이 달라졌다. 과거에 혁신이 일어나기 전에는 직원들이 일에 치여서 기부나 봉사, 여가 같은 것은 엄두도 못 내는 상황이었다. 하지만 이제는 일을 기본으로 하되 '삶의 질quality of life'도 함께 누릴 수 있게 되었다. 기부와 봉사, 여가활동이 가능해졌고 교양교육, 해외연수, 가사, 육아, 자기개발 등 이 모든 것을 함께 즐기며 재충전할 수 있는 문화로 바뀐 것이다.

'하트'를 활용할 줄 아는 리더가 되어라

많은 사람들이 유한킴벌리의 특색 있는 경영에 대해서 관심을 보이고 있다. 유한킴벌리의 경영을 요약하면 '3H 경영'이다. 3H의 첫 번째는 '핸드Hand', 열심히 일하라work hard라는 뜻이다. 두 번째는 '헤드Head', 머리를 써서 일하라work smart라는 개념이다. 이를테면 정보, 지식 등의 지식경영을 말한다. 세 번째는 '하트Heart'로, 의미 있는 일을 하라work meaningfully라는 개념으로 보면 된다.

지난 20여 년 동안 뛰어난 경영자와 학자들이 위대한 발견을 거듭해왔는데, 사원들한테 하트heart, 즉 가슴이 있다는 중대한 사실을 발견했다. 이 하트를 잘 끌어내서 활용하자 자기 포텐셜potential에서 100퍼센트까지 쓰는 결과를 볼 수 있었다. 이런 결과를 볼 때 가슴을 쓸 수 있게 하는 경영이 좋은 경영이다.

따라서 경영에서도 이 하트까지 생각해야 하는데, 안타깝게도 많은 경영자들이 세 번째 자산인 하트를 쓰는 데 게을리하고 있다. 심지어는 어떻게 해야 하는지도 모르고, 설령 알고 있더라도 용기가 없어서 실천에 옮기지 못하고 있다.

다행히 요즘은 하트를 이용한 성공 사례가 많아지는 것 같다. 시중에 쏟아져나오고 있는 경영 관련 책들도 하트를 다룬 것이 많은 것을 보면, 나의 섣부른 판단일 수도 있겠다는 생각이 든다.

유한킴벌리의 사례도 그렇지만 사원들이 회사의 주인이 되게 하고, 사원들이 혁신의 주체가 되게 하는 것은 모두 하트와 관련이 있다. 여러분은 하트 하면 무엇이 생각나는가? 사랑love? 열정passion? 모두 맞는 말이다. 그뿐만 아니라 우리에게는 자존심이란 게 있다. 자존감, 그것도 높은 자존감self-esteem 말이다. 이것은 위계질서를 중시하고, 야단치고 야단맞는 문화 속에서는 생겨날 수가 없다. 그리고 자존감을 철저히 손상당한 사람들한테서 주인의식을 기대한다는 것도 앞뒤가 맞지 않는 이야기이다.

다음으로 피터 드러커가 말한 기업가 정신이 있다. 기업가는 어떤 사람인가? 생산현장에 있는 한 사람 한 사람까지 기업가 정신을 갖는다는 것은 무슨 의미일까? 이는 그들 모두가 창의력이 살아 있고, 책임감과 주인의식으로 똘똘 뭉쳐 있다는 의미이다. 그렇다고 서로 '내가 주인이다'라고 싸운다는 것이 아니다. 그만큼 성숙하고 책임감이 있다는 것이다. 이 모든 것이 하트에 대한 것이다. 하트를 소홀히 하고는 아무리 애를 써도 각자 포텐셜의 50퍼센트 이상은 나올 수 없다.

다시 말해 우리 회사의 경영정신인 3H는 '핸드Hand' '헤드Head' '하트Heart'이고, 그중에서 하트를 이끄는 데 성공한 사람이 진정한 성공자라는 것이 결론이다. 그리고 하트에는 목적과 의미가 있다. 내가 왜 이 일을 하는가, 일의 목적과 의미가 중요하다. 여기에는 소비자와 사회와 환경에 대한 책임도 포함된다.

3H 참여경영

Hand : 육체근로, 전통경영, Worker

Head : 지식근로, 지식경영, Thinker

Heart : 영혼을 가진 근로, 전인적·창조경영, Lover

리더십 역량을 이끌어내는 경영 노하우

리더십 역량leadership qualities을 이끌어내는 모든 책임은 리더에게 있다. 많은 기업들이 '우리는 리더십 모델을 이렇게 가져가겠다' 하는 리더십에 대한 정의를 하고 있다. 우리는 이 리더십 모델을 '리더십 퀄리티'라고 정했는데, 대다수의 기업들이 인정하는 리더십이기도 하다.

리더십 퀄리티의 첫 번째 조건은 '비전경영Visionary'이다. 리더는 비전이 있어야 한다.

두 번째 조건은 '감동경영Inspirational'이다. 경영자가 제시하는 비전에 많은 사람들이 감동하고 함께 공유해야 한다.

세 번째는 그렇게 해서 조직 내에서 계속 '혁신경영Innovation'이 일어나고, 더불어 올바른 판단과 결정도 이루어져야 한다.

네 번째 조건은 팀과 팀이 따로따로 '사일로silo(미사일 발사 장치를 넣어 두기 위한 지하 설비)'를 만들어 벽을 칠 것이 아니라 서로 힘을 합쳐서 시너지가 일어나는 조직을 만들어야 한다. 이것이 '팀·조직경영 Collaboration'이다.

마지막으로 조직을 이루는 한 사람 한 사람의 능력이 계속 극대화되는 '인재 육성경영Building Talent'이다.

그리고 이 모든 것을 이끄는 책임은 CEO뿐만 아니라 모든 리더, 즉 모든 조직원, 모든 관리자에게 있다.

정직을 실천하는 경영을 펼쳐라

정직을 소홀히 여기고는 초일류 기업, 위대한 기업이 될 수 없다. 우리는 정직을 'EHS Integrity'로 정의 내리고 실천해왔다. 여기서 E는 '환경과 윤리Environment and Ethics', H는 '지역주민과 소비자의 건강Health', S는 '종업원의 안전Safety'을 뜻한다. 그러니까 윤리와 환경과 건강과 안전에 관한 것으로, 이제는 모든 기업이 이러한 것들을 준수해야 할 기본 사항으로 생각하고 있다.

그런데도 아직도 많은 기업들이 그 기준을 법적인 기준에 맞추느라 전전긍긍하고 있다. 이에 대해 잭 웰치Jack Welch는 "정직은 법 이전의 문제이다. 이것을 소홀히 하면서 초일류 기업, 위대한 기업, 위대한 리더가 될 수 없다"라고 말했다.

> **정직 EHS Integrity**
> E : 환경과 윤리Environment and Ethics
> H : 지역주민과 소비자의 건강Health
> S : 종업원의 안전Safety

변화에 맞서는 저항을 극복하라

변화에 성공하려면 반드시 저항을 극복해야 한다. 그렇지 않고는 변화도, 혁신도, 발전도 없다. 내가 지금까지 말한 이 모든 새로운 경영의 핵심은 한마디로 '변화'에 대한 것이다. 유한킴벌리는 1995년에 대개혁을 시작했다고 했는데, 10년이 지난 지금도 변화는 계속되고 있다. 변화는 그냥 우리가 바란다고 해서 이루어지는 것이 아니다. 최고경영자가 명령한다고 되는 것도 아니다. 변화를 이끌어내기 위해서는 기술이 필요하다.

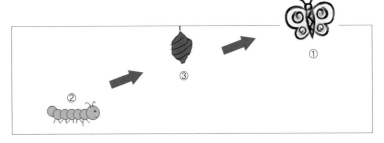

① 미래의 바람직한 모습을 정한다.
② 현 상황을 분석한다.
③ 변화를 계획하고 리드한다.

인간은 태어날 때부터 변화를 싫어하는 속성을 지니고 있는데 조직도 마찬가지이다. 어떤 변화든 '저항resistance'이 있기 마련이고 변화에 성공하려면 그것을 극복해야 한다.

저항 요인을 분석해서 구성원 모두를 변화에 동참하게 만들면 변화에 성공할 것이다. 그렇게 하려면 이 모든 것을 플래닝planning 하고 분석할 수 있는 리더십이 있어야 한다. 그리하여 구성원 모두를 변화에 동참할 수 있게 만들지 못하면 진정한 변화는 어렵다.

모든 리더나 관리자는 다양한 교육과 훈련을 통해 이러한 변화의 원리를 체득해서 변화가 손쉽게 일어날 수 있게 해야 한다. 좀 더 쉽게 이야기하면, 지금의 불만스러운 상태가 변신이라는 고통을 거쳐 완전히 새로운 모습으로 다시 태어나게 하는 것이다. 이는 배추 애벌레 한 마리가 한겨울 내내 추운 데서 변신해서 봄에 아름다운 나비로 태어나는 것과 같다.

38쪽의 그림은 '거듭난다transformation'라는 개념을 설명하기에 적절하다. 애벌레가 아름다운 나비가 되는 것은 완전히 새롭게 거듭나는 것이다. 이것은 시간상으로는 ③→①의 순서로 흐르지만, 우리가 변화를 추진할 때는 거꾸로라고 보면 된다. ①부터 확실히 알아야 한다. ①이 확실하지 않은데 어떻게 변화가 가능하겠는가. 그래서 미래의 바람직한 모습을 먼저 정하고, 지금 무엇이 문제인지를 분명히 알아야 한다. 그런 다음 변화를 계획하고 리드한다. 이것에 대한 구체적인 로드맵, 다음의 세 단계를 좇아가는 것이 변화 관리의 요체라고 할 수 있으므로 다음 세 단계를 꼭 기억해 두자.

첫 번째 단계 : 미래의 바람직한 모습을 정한다

두 번째 단계 : 현 상황을 분석한다.

세 번째 단계 : 변화를 계획하고 리드한다.

글로벌 리더의 조건

리더의 새로운 역할을 이야기할 때 나는 글로벌 리더십에 가장 역점을 둔다. 글로벌 리더의 조건을 몇 가지로 요약해보겠다.

CEO는 최고경영자란 뜻인데, 이것은 '실행적 경영 Chief Executive Officer'의 준말로 곧 '환경경영'을 의미한다. 글로벌 리더는 환경경영을 펼치는 사람이다. 그런데 조금 전에 설명했듯이, CEO는 그저 최고의 집행관을 말하는 것이 아니다.

환경경영은 위에서 말한 공정의 재설계, 제품의 재설계까지 관여해야 한다. 단순히 폐기물을 줄이는 것뿐만 아니라 모든 제품이 만들어지는 첫 단계로 거슬러올라가서 재설계까지 하려면 담당자 몇 사람에게 시킨다고 될 일이 아니다. CEO가 나서서 해도 될까 말까 한 중대한 일이다. 진정한 의미의 환경경영은 이런 것이라고 할 수 있다.

두 번째로 글로벌 리더는 '에틱스Ethics' '윤리경영Chief Ethics Officer'을 실천한다. 윤리경영, 투명경영을 최고로 여기며 지키려는 사람이다. 진정한 의미에서 한 회사가 초일류 기업의 자격을 갖출 수 있는 수준으로 투명하고 윤리적인 경영이 되려면, 준법 감시인 몇 사람을 고용한다고 될 일이 아니다. CEO가 앞장서서 윤리경영을 실천해야 한다.

세 번째로 글로벌 리더는 '에듀케이션Education' '교육경영Chief Education Offer'을 펼친다. 마찬가지로 한 회사를 평생학습 체제로 갖추려면, 교육훈련 담당자 몇 사람한테 지시한다고 커다란 변화가 일어나지 않는다. 이 역시 CEO가 직접 나서서 해도 될까 말까 한 어려운 일이다. 그래서 최고경영자는 Chief Education Officer, CEO인 것이다.

마지막으로 글로벌 리더는 '이반젤리컬Evangelical' '전파·공유경영Chief Evangelical Officer'을 실천한다. 이것은 내가 붙인 말인데, 언젠가 신문에서 스타벅스의 CEO가 '내 CEO 타이틀은 Chief Evangelical Officer의 준말이다'라고 하는 것을 보았다. 나는 이 말이 무슨 뜻인가 한참을 생각했다. 이반젤리컬은 원래 기독교에서 좋은 소식 good news, 복음을 전하는 것을 말한다. 그러니까 그 스타벅스 CEO 의 이야기는 나는 스타벅스가 이렇게 좋다는 좋은 소식을 세상에 전하는 대장이라는 뜻에서 Chief Evangelical Officer라고 한 것 이다.

우리 회사 같으면, 우리가 하고 있는 여러 가지 사회공헌 프로그 램, 우리 사회의 리더들과 공유하고자 하는 핵심가치를 함께 나누 는 것이라고 볼 수 있다. 이것이 우리 경영자들이 해야 할 일이다. 그런 의미에서 Chief Evangelical Officer라고 할 수 있다.

이노베이터의 역할은 사람을 자본으로 여기는 것

끝으로 이노베이터는 누구이며 어떤 것인지 이야기하고자 한 다. 내가 지금까지 말한 내용을 아우르는 동시에 가장 하고 싶었 던 말이기도 하다.

이노베이터innovator의 가장 큰 역할은 사람을 기본으로 하는 '휴 먼 캐피털human capital'이다. 즉 이노베이터는 사람을 자본으로 여길 줄 아는 지혜로운 사람이다. 또한 이노베이터는 '디자인design' '공 정processes' '문화culture'를 바꿀 줄 아는 사람이다. 모든 것이 혁신의 대상이 되어야 한다.

무엇보다 이노베이터는 사회 전체를 하나로 만드는 '멀티 섹터 럴 파트너십multi sectoral partnership'을 갖춘 사람이다. 어떤 한 파트가 아니라 사내의 여러 파트, 나아가 사회 전체, 산업계와 학교, 정부와 시민 등, 여러 파트가 한데 어울려 시너지를 이룰 때 비로소 새로운 국력이 탄생할 수 있다는 믿음을 강력히 실천하는 사람인 것이다.

마지막으로 이노베이터는 세계적인 리더를 만드는 '글로벌 시티 즌십global citizenship'과 '글로벌 리더십global leadership'을 실행하는 사람 이다. 우리는 글로벌 시민의 한 사람으로 글로벌 사회를 이끌어갈 의무가 있다. 리더가 이러한 역할을 할 때 비로소 믿음과 신뢰, 존 경이 생기고 브랜드 구축자brand builder가 될 수 있다.

| 이덕진의 경영노트 |

1. 사람의 가치를 과대평가하는 것은 불가능하다. It is impossible to overestimate the value of human being. _브레넌 매닝
2. 기업의 이익은 그 기업을 키워준 사회에 환원해야 한다. _고 유일한 박사

01_ 유한킴벌리는 1995년부터 변화를 시작했다고 말씀하셨는데, 반대도 많았을 것 같고 어려움도 많았을 것 같습니다. 이런 반대 세력들을 어떻게 설득해서 변화를 이끌어낼 수 있었는지 알고 싶습니다.

거듭 말씀드리지만 모든 변화에는 저항이 있습니다. 그 저항은 몰라서 생기는 것일 수도 있고, 자신의 정서에 맞지 않아서 생기기도 합니다. 또 자신의 이익에 위배되는 것이어서 생기기도 합니다. 변화관리에서 'WIIFM'이라는 용어가 있습니다. 'What's in it for me?', 즉 '그 변화가 나한테 주는 유익이 무엇인가'라는 질문이에요. 그분들한테 저항은 당연한 것이라고 생각하는데요, 우리는 그 한 분 한 분을 설득했습니다. 굉장히 많은 설득을 했지요.

그래도 다행이었던 것은 우리 회사 사업부가 두 개로 나누어져 있었다는 것입니다. 당시 혁신의 최고 책임자와 제가 반대를 하는 분들에게 "두 개의 사업부 중 한 사업부를 우리가 시범 운영해볼 수 있는 기회를 주십시오. 반드시 성공하겠습니다"라고 말하고 모델을 만들어 들어갔습니다.

그러자 "추가로 드는 인건비를 어떻게 감당할 것이냐"는 질문이 나왔고, 우리는 "비용을 다 치르고도 남을 정도의 생산성, 훨씬 더 큰 생산성으로 증명해 보이겠습니다"라고 대답했습니다. 이후 그분들이 인내를 가지고 기다려주셨고, 2~3년이 지나자 확실한 결과를 보일 수 있었습니다.

02_ 요즘 젊은 세대한테 유한킴벌리는 꼭 일해보고 싶은 회사인데요, 유한킴벌리에서는 어떤 인재를 선호하는지 알려주십시오.

우리 회사의 인재상은 의외로 단순합니다. 여러 가지로 표현할 수 있겠지만, 학교에서 열심히 공부했고, 건전한 상식을 가진 사람이라는 것을 보이면 됩니다. 그리고 제 개인적으로는 'FAT'를 강조합니다. FAT라고 해서 '뚱뚱한 사람'이라고 생각하시면 안 됩니다.

저는 FAT를 이렇게 이야기합니다. F는 'faithful', A는 'available', T는 'teachable'이라는 단어예요. 이 세 단어의 첫 글자를 따면 FAT가 되는데요, faithful은 '성실하다, 신실하다'는 뜻으로, 이것은 인품에 관한 것입니다. 사리가 분명하고 안과 겉이 똑같다는 의미이기도 하고요.

그다음 'available'은 이렇게 설명할 수가 있겠네요. 우리가 '내일 여기 와줄 수 있어? 시간 좀 내줄 수 있어?'를 영어로 어떻게 말하죠? 'I'll be available tomorrow?'라고 합니다. 그러니까 available은 시간을 내줄 수 있다는 뜻이에요. 이것은 다시 설명하면 남에게 도움이 되는, 시간을 내줄 수 있는, 기여하는 사람이라는 뜻입니다. 즉 남에게 폐를 끼치고 사는 것이 아니라 남을 섬기면서 살겠다고 결정한 사람, 이것이 available의 개념입니다.

마지막으로 teachable은 문자 그대로 '가르치는' 가르칠 수 있는' 사람입니다. 그러니까 teachable의 반대는 teachable하지 않은 사람, 가르쳐도 무슨 말인지 못 알아듣고 바꾸려고 하지 않는 사람, 가르칠 수 없는 사람, 변화가 안 되는 사람입니다. 반면에 teachable은 바뀌는 사람이고, 평생학습이 가능한 사람이고, 평생 성장과 성숙을 계속하는 사람이라는 의미가 담겨 있지요.

이것을 저는 FAT로 요약을 하는데요, 신입사원이나 중견사원, 경영자, 남녀노소 할 것 없이 이 FAT는 누구에게나 아주 중요한 요소입니다.

인사는 군림하는 것이 아니라 봉사다

인사관리를 통한 디지털 경제시대의 생존전략

조병린 (曺秉麟, Byung Lin Cho) 삼양사 고문

1975 삼양사 입사

1993 삼양사 기획 · 관리본부 인사부장

1996 삼양사 경영기획실 홍보팀장

1999 삼양사 상무보대우

2000 삼양사 경영지원실장

2004 삼양사 부사장(EVP)

2005 철탑산업훈장

2006 삼양사 경영지원실장, 경영기획실장 겸무

2008 삼양사 부사장 겸 경영지원실장

2010 삼양사 고문

　　　　 HRM 코리아 사장

대표 장수기업을 이끄는 인사·기획 리더

CEO 조병린은 한 기업에서 30년 넘게 인사 업무를 맡아왔다. 그는 1970년대 말 직무분석 실시를 시작으로 직무 중심 성과보상제도, 직능자격제도, 연봉제 등을 직접 설계해 기업의 인사제도에 반영한 인사人事계의 리더이다.

"우리는 모두 조직이라는 틀 안에 속해 있다. 그 조직은 가족이라는 작은 틀에서 부터 회사 또는 국가라는 큰 틀까지 다양하다고 할 수 있다. 먼저 조직의 틀을 이 해하고 나에게도 비전 있는 직장이 되도록 노력하라"라며 성공적인 직장생활을 위한 조언을 한다.

비전 있는 직장은 어디인가? 우리에게 가치가 높은 직장이란 무엇일까? 단순히 돈을 버는 게 아니라 내 인생에 시너지 효과를 줄 수 있는 직장, 그 직장에서 성과 를 내고 성공적인 조직 구성원이 되는 비결을 들어보자.

인사는 군림하는 것이 아니라 봉사다!

"인사人事는 군림하는 것이 아니라 봉사다!"

인사계의 베테랑인 그가 자주 하는 말이다. 그는 인사의 기본 조건은 '신뢰'라고 생각한다. 의사결정이나 일을 진행하는 과정에서 가장 중요한 기본은 사람을 믿 는 것이며, 사람마다 갖고 있는 장점과 개성을 개발하고 적재적소에 배치해주는 것이 인사담당자의 역할이라고 믿고 있다.

그가 말하는 인사는 결코 딱딱한 분위기에서 냉정하게 어떤 결정이나 처분을 내 리는 것이 아니다. 따뜻한 분위기에서 대화와 신뢰를 토대로 이루어지는 일련의 과정이다. 그의 이런 인사관리는 실제로 경영관리에서 매우 중요한 역할을 하고 있으며, 회사의 경영철학으로까지 연결된다. 자타가 인정하는 인사관리의 대부인 CEO 조병린의 인사 철학을 통해, 핵심인재로 살아남으려면 어떤 요건들을 갖추 어야 하는지 살펴보자.

조병린 식품에서부터 화학, 의학에 이르기까지 사업을 다각화하고 있는 국내의 대표적인 중견 대기업 삼양사. 그곳에서 CEO 조병린은 인사관리의 대부로 통한다. 인적 자산이 가장 중요하다는 사실을 일찌감치 깨닫고 인사 분야의 연구를 집중적으로 해온 덕분이다. 그는 1970년대 말 '직무분석'을 시작으로 '직능자격제도' '직무 중심 성과보상제도' 등 신개념 인사제도를 직접 설계해온 주인공이다. 그는 "인사는 직원 위에 군림하는 것이 아니라 봉사하는 것이며, 직원간의 신뢰를 형성하여 내부 변화를 이끌어낼 수 있는 핵심 역할"이라고 말한다. CEO 조병린이 말하는 디지털 경제의 생존 전략과 인사 철학은 무엇일까?

삼양사는 창립한 지 84년이 됐다. 일본에는 100년, 200년 된 기업들이 많지만, 우리나라에는 100년 가까이 된 기업이 몇 안 된다. 그래서 삼양사를 한국역사상 경제사적 의미에서 존재 가치가 크다고 평가하는 분들도 있다.

그 오랜 세월 동안 우리 회사에서는 많은 변화가 일어났다. 겨울에 얼음을 빙고에 저장했다가 여름에 꺼내 쓰는 영국 템스 강의 얼음 장수들이 제빙 공장으로 업종을 전환한 경우는 하나도 없었다고 한다. 그런데 삼양사는 특이하게 농업자본에서 출발해서 산업자본을 만들어냈다. 이것은 경제사적으로 특별한 의미를 갖는다. 그래서 한국 경제사를 이야기할 때 삼양사 이야기가 가장 먼저 나온다. 그리고 외형적으로 큰 변화는 없었지만, 우리 회사 나름대로는 큰 변화를 겪으면서 오늘날까지 잘 견뎌왔다. 여러분에게 그 이야기를 들려드리고자 한다.

지금 우리 사회는 엄청난 변화들이 많이 일어나고 있는데, 특히 첨단산업이 발전하면서 많은 직종들이 사라지고 있다. 어떤 통계를 보니까 지난 200년 동안 사라진 직종들이 참 많았다. 그중에서도 새롭게 등장했다가 금방 자취를 감춘 직종이 훨씬 더 많았다. 지난 4년 동안의 통계를 보면, 1년에 60만 개의 직종이 계속해서 사라지고 있다고 한다. 60만 개라면 폭발적인 인구 증가 측면에서 보면 어마어마한 숫자이다.

미래학자들은 20년 내지 25년 후쯤 되면 세계에서 가장 값싼 인간의 노동력과 기계의 자동화를 비교해보았을 때 자동화 비용이 훨씬 더 저렴해질 것이라고 예측한다. 이제 인간의 노동력이 점차 불필요해지고 기계를 이용한 자동화로 거의 대체될 수 있다는 이야기이다. 또 그 변화의 가속도는 점점 더 빨라질 것이므로, 미래의 구도가 어떻게 될지 사뭇 두렵기도 하다.

이런 통계도 있다. 세계 최고의 부자 356명이 가진 부의 합을 구했더니, 전 세계 인구의 40퍼센트에 해당하는 부와 맞먹는다는 결과가 나왔다. 아주 재미있는 통계로 우리나라에도 이런 통계가 없을까 매우 궁금해하던 차에 신문을 봤더니 우리나라도 비슷한 현상이 벌어지고 있는 것이 아닌가.

우리나라 땅 이야기가 나왔는데 정말 깜짝 놀랐다. 최상층 1퍼센트가 우리나라 땅의 50퍼센트를 소유하고 있고, 나아가 상위 5퍼센트의 사람들이 전체 85퍼센트의 땅을 가지고 있다고 한다. 이러한 부의 편재는 전 세계적인 현상으로 이제 우리나라도 피해갈 수 없음을 여실히 보여준다. 이처럼 세상은 어떤 방향으로든 가속도를 가지고 시시각각 변하고 있다.

세상은 놀라운 속도로 변한다는 사실을 기억하면서, 이 변화에 조직의 일원으로서 또는 조직의 일원이 되고자 하는 사람으로서 어떻게 대처해야 하는지 함께 고민해보는 시간을 가졌으면 한다. 오랜 기간 인사담당자로 일해온 나의 생각과 최선의 조언이 여러분의 앞길에 조금이나마 빛이 되길 바란다.

세상의 패러다임이 변하고 있다

세상의 패러다임이 변하고 있다는 말을 많이 들어보았을 것이다. 오늘날 새로운 패러다임으로 등장한 것이 바로 디지털 경제라는 강력한 패러다임이다. 패러다임을 정의하면, '어떤 상황을 보는 시각'이라고 규정할 수 있다. 내가 우리 회사에서 맡고 있는 인사 분야도 '보는 시각이나 관점', 즉 패러다임에 따라 여러 가지로 설명할 수 있다. 다시 말하면 패러다임은 '어떤 현상에 대해 논리적으로 설명할 수 있는 모델'이라고도 해석할 수 있다.

또한 이 패러다임은 시대에 따라 계속 변한다. 패러다임에 변화가 온다는 것은 여러 가지 상황에 따라 보는 시각도 얼마든지 달라질 수 있음을 의미한다. 그래서 인사관리의 패러다임, 다시 말해서 세상을 보는 눈, 즉 관점을 이야기할 때는 다음에 나온 사항들도 함께 논의되어야 한다.

| 새로운 패러다임에 대한 나의 이해 정도는? |

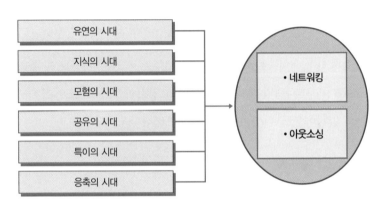

유연함과 지식이 중요한 시대

지금은 유연의 시대이다. 유연 하면 여성들을 떠올리지 않을 수
없다. 옛날에는 힘센 남성들이 여러 가지 면에서 유리했지만 지금
은 아니다. 앞으로는 부드럽고 유연함을 갖춘 여성들이 훨씬 우세
하리라는 예측을 많이 들어보았을 것이다.

아울러 지금은 지식이 중요한 시대이다. 지식 하면 무엇이 떠오
르는가? 브랜드가 있을 것이고 특허도 있겠다. 이처럼 눈에 보이
지 않지만 가치를 나타내는 것을 지식이라고 한다. 얼마 전 통계
이지만, 코카콜라의 브랜드 가치가 830억 달러로, 당시 우리나라

의 GDP와 비교해보았을 때 3분의 1에 해당하는 브랜드 가치가 있다니 더 말해서 뭐하겠는가.

나눌수록 커지는 공유가 중요한 시대

또한 지금은 공유의 시대이다. 공유란 나눌수록 커진다는 의미를 내포한다. 지금 같은 인터넷 시대에 가장 중요한 핵심요소이기도 하다. 우리는 좋은 학교에서 좋은 성적으로 졸업한 사람이 회사에 들어와서도 계속 승승장구할 것이라 예상하지만 현실은 그렇지 않다. 옛날에는 언어능력과 수리능력이 뛰어나 점수가 좋으면 좋은 학교에 갔고, 좋은 학교를 졸업하면 좋은 회사에 취직을 했다. 하지만 문제는 그러한 사람들이 회사에 들어가서는 의외로 다른 사람들보다 뒤떨어지는 경우가 많다는 사실이다. 왜 그럴까? 그 원인을 바로 공유의 논리로 설명할 수 있다.

예를 들어 100명으로 구성된 모임이 있다고 하자. 공유의 시대에 다른 사람과 나눌 줄 아는 사람은 좋은 정보가 있다면 자신을 제외한 99명한테 그 정보를 서슴없이 나누어준다. 그 99명은 한 번의 빚을 졌으니까 자신들도 좋은 정보를 하나씩 준다. 그러면 그 사람은 99개의 좋은 정보를 얻게 된다. 다시 말해 자신이 가진 1개를 나누어주고 99개를 얻는 것이다.

그런데 공부만을 고집하고 자신에 집착하는 사람은 이 단순한 법칙을 잘 깨닫지 못한다. 그렇게 하지 않아도 늘 1등을 해왔기 때문에 그럴지도 모르겠다.

요즘은 인터넷 세상으로 모르는 것이 있으면 인터넷에 들어가면 다 해결되니 더더욱 개인 플레이가 되기 쉽다. 내가 한자를 비교적 많이 아는 편인데, 옛날에는 아내가 잘 모르는 한자가 나오면 나한테 많이 물었다. 그런데 요즘은 인터넷으로 찾고 나한테 도통 물어보지 않는다. 그러다보니 나하고도 더 가까워지지 않는 것 같다.

이제는 기억할 필요가 전혀 없는 시대를 살고 있는 만큼 사람들과 잘 어울리는 것이 더욱 중요해졌다. 내가 30여 년 전 경제학을 공부할 때 교수님께서 이런 말씀을 하셨다.

"경제란 무엇인가? 경제란 생산과 소비의 질서와 그 운동을 말한다."

지금도 잊어버리지 않는데 쉽게 말해 경제는 수요와 공급의 문제라는 말이다.

그렇다면 오늘날의 인터넷 경제에서 특히 나눌수록 커진다는 경제논리를 어떻게 설명할 것인가? 아마 요즘 경제이론을 가르치거나 공부하는 사람들은 매우 곤혹스러울 것이다. 경제논리에 전혀 들어맞지를 않으니까.

다시 한 번 강조하지만, 인터넷 경제에서 매우 중요한 키워드가 된 것이 공유이다. 공유의 시대에는 조직사회에 대응하는 법을 잘 아는 것이 핵심이다. 그 방법을 터득하지 못하면 조직사회에 적응하지 못하고 아웃사이더로 계속 떠돌게 된다. 이제 그 대응 방법에 대해 차근차근 살펴보기로 하겠다.

돌쇠형 인재보다 선수형 인재가 되어라

토요일, 일요일에도 열심히 일하는 사람이 있다. 그렇다면 그는 성과 또한 좋을까? 우리 회사에도 보면 항상 밤늦게까지 열심히 일을 하는데, 다음 날 회의 때만 되면 깨지는 사람이 있다. 왜 그럴까? 나는 이런 사람들을 '돌쇠형 인재'라고 하는데, 농업적 근면성을 중시하던 사회에서는 대우를 받던 사람들이다. 한편 항상 노는 듯하지만 집중적으로 사안에 몰두하는 사람들이 있다. 이들은 간혹 좋은 아이디어를 내서 깜짝 놀랄 히트작을 만들기도 한다. 과연 둘 중 누가 더 성공할 확률이 높겠는가?

돌쇠형 인재인 상사를 모시고 일을 하게 되면 앞으로 고생길이 훤하다. 자신이 어떤 인재가 되어야 할지 잘 생각해보길 바란다. 회사 입장에서도 밤늦게까지 일하는 사람은 어떨 것 같은가? 저녁 다 먹고 술도 한잔 하고 밤늦게 가니까 택시도 탄다. 그리고 그 비용을 몽땅 회사에 청구한다. 이렇게 일하는 사람보다는 요령껏 일해서 회사의 아웃풋을 높여가는 인재가 당연히 각광받지 않겠는가?

이상의 논의를 조금 더 구체적으로 표현하자면 두 가지로 압축할 수 있다. 52쪽 표에도 나와 있듯이 지금은 '네트워킹과 아웃소싱의 시대'이다. 전자는 인터넷으로 모든 일이 이루어질 수 있음을 의미하고, 후자는 자신의 분야가 전문화되면 아웃소싱이 일어난다는 뜻이다. 자신이 할 수 있지만 남도 할 수 있는 일을 전문업체에 맡기면 싼 가격으로 일을 더 빠르게 처리할 수 있다. 회사 입장에서도 사람을 채용해서 일을 시키는 것보다 아웃소싱을 하면 비용을 50퍼센트 이상 줄일 수 있다. 당신이 회사 CEO라면 어떤 식으로 일을 맡기겠는가? 그야말로 인터넷을 통해서 싼 비용으로도 일을 깔끔하게 처리할 수 있는 그런 시대가 온 것이다.

이렇게 무서운 속도로 변해가는 세상에서 지혜를 모으지 않으면 살아남기 힘들다. 우리 함께 그 지혜를 모으도록 하자.

멀리 내다보는 장기적 사고를 하라

우리는 매 순간 의사결정을 하며 산다고 해도 과언이 아니다. 여기서 중요한 것은 오늘 여러분이 내리는 의사결정이 미래에 얼마나 많은 영향을 미치는지 알아야 한다는 사실이다. 오늘의 나는 수많은 어제의 내가 어떤 의사결정을 했느냐에 따라 결정된다. 나의 미래 역시 오늘의 내가 어떤 결정을 내리는가에 따라 달라질 것이다.

이러한 의사결정을 할 때 사람들은 자기중심적으로 생각하기 때문에 단기지향적인 사고를 많이 하게 된다. 그렇지만 금융위기 같은 현상이 일어났다면, 장기적인 입장에서 왜 그런 현상이 일어났는지 곰곰이 생각해볼 필요가 있지 않겠는가. 지금 당장 내가 불편한 것만 볼 것이 아니라 멀리 내다보는 장기적인 사고를 하라는 의미이다. 물론 하루아침에 되지는 않겠지만 의식적으로라도 장기적인 사고를 하려고 노력하다보면 점점 더 멀리 내다보고 그에 맞는 사고를 하게 될 것이다.

데이터에 근거해서 미래를 전망하라

정보화시대인 지금도 정확한 데이터에 근거하기보다는 자신의 감각에 의지하여 판단하는 사람이 의외로 많다. 기본적인 교육을 받은 사람이라면 어떤 현상이 일어났을 때 데이터에 근거해서 그 상황을 분석해낼 수 있어야 한다. 그 현상이 왜 일어났는지 관련 있는 데이터끼리 묶어보기도 하고, A와 B라는 정보는 어떤 연관성이 있는지 살펴볼 줄 알아야 한다.

조직에서 오래 일하다보니 여러 유형의 사람들을 보게 된다. 데이터가 입수되면 그 데이터를 그대로 보고하는 직원이 있는가 하면, 데이터를 잘 모아서 정보화하는 능력이 있는 유능한 직원도 있다. CEO 입장에서는 데이터를 정보화해서 전후 맥락을 잘 살피고, 나아가 미래를 전망할 수 있는 능력까지 갖춘 사람을 당연히 더 눈여겨보게 된다.

경쟁자의 내면 정보를 파악하라

우리가 쉽게 저지르는 실수 중 하나는 자신의 경쟁자에 대한 정보를 파악하는 능력이 매우 부족하다는 점이다. 일전에 EBS에서 고승덕 변호사에 대한 이야기가 나왔는데 참 감명 깊게 봤다. 강원도의 어떤 학생이 서울대학교에 가려면 얼마나 공부를 열심히 해야 하는지 선배들을 찾아가서 물어보는 프로그램이었다. 나는 그 방송을 보면서 고승덕 변호사가 IQ가 그다지 뛰어난 사람이 아님을 처음 알게 되었다.

그 학생이 자신의 IQ가 129인데 변호사님은 얼마냐고 물어보니까 고승덕 변호사는 자신은 그 이하라고 답변했다. 그다지 높지 않은 IQ이기에 남보다 더 열심히 해야겠다는 생각을 하게 되었고, 15시간 공부해서도 안 될 것 같아 17시간을 공부했다고 한다. 그의 홈페이지에는 7시간 동안 화장실도 안 가고 공부를 했더니 소화가 안 돼 어머니에게 고기를 갈아달라고 했다는 일화도 소개되어 있다.

이 이야기는 경쟁자에 대해 눈에 보이는 정보보다는 내면의 정보 파악이 더욱 중요하다는 사실을 시사한다. 주위에서 보면 일이 잘 안 풀릴 경우 자기 자신을 탓하기보다는 다른 여러 가지 핑계를 대는 사람이 많다. 정말 잘사는 사람은 자신을 강하게 채찍질하여 그만큼 노력을 했기 때문에 그 자리에 왔다는 사실을 인정해 줘야 한다. 자신만 운이 없다고 한탄하지 말고 성공한 사람들의 내면적인 모습을 제대로 보았으면 하는 바람이다.

변화에 능동적으로 대처하라

사람들은 대개 현 상황에 안주하면서 점진적이고 순차적인 개선에 만족하는 경향이 있다. 하지만 과거의 데이터를 종합해보면 10년 후에는 지금 기업의 수에서 3분의 1이 없어질 것이라는 사실에 주목해야 한다. 이런 냉엄한 현실 앞에서 나의 노력만으로는 한계가 있을 수 있으므로 무조건 저항하기보다는 변화에 능동적으로 대처해야 한다. 그러기 위해서는 과거로부터 반복되어온 패러다임을 좇아 노력하는 것만으로는 한계가 있다. 따라서 지금의 글로벌 금융위기도 보다 적극적인 차원에서 냉철한 사고의 변화를 통해서만 극복되어질 수 있는 과제가 아닌가 생각한다.

전략적 선택을 하라

사람들이 전략적이지 않은 접근을 한다는 것도 큰 문제이다. 전략이라는 것이 무엇인가? '전략'은 곧 '선택'을 의미한다. 지금 이 순간 여러분이 이 책을 읽고 있는 것도 하나의 선택이다. 친구도 만날 수 있고 술도 마실 수 있으며 또 다른 일을 할 수도 있는데 지금 여러분은 이 책을 읽고 있는 것이다.

내가 가지고 있는 리소스, 즉 자원과 시간은 한정되어 있다. 따라서 현재 내가 가지고 있는 리소스를 어떻게 효율적으로 투여할 것인가에 대해서 자신만의 준거기준criteria을 가져야 한다. 이와 같이 자신의 인생을 위해, 나아가 자기가 소속되어 있는 조직을 위해 소중한 것이 무엇인지를 항상 생각하면서 자원을 효율적으로 배분하고 선택하는 일련의 과정이 바로 전략이다. 어떤 방향으로 지금의 자신을 끌고 갈 것인가 하는 문제도 선택의 문제이며 전략의 한 과정이다.

관리자가 나를 좋은 사람으로 느끼도록 만들어라

여러분이 지금 조직에 몸담고 있든, 앞으로 그럴 예정이든 조직에 몸담았을 때 자신이 어떻게 살아남을 것인지는 매우 중요한 문제이다. 그 문제와 관련해서 내가 꼭 들려주고 싶은 이야기가 있다. 바로 '자성적 예언'에 관해서이다.

자성적 효과를 '피그말리온 효과Pygmalion effect'라고도 한다. 피그말리온 효과는 키프로스의 조각가이자 왕이었던 피그말리온이 "사람은 자신이 기대한 만큼 이루어진다"라고 말한 데서 비롯되었다. 하버드 대학교의 심리학과 교수인 로버트 로젠탈Robert Rosenthal도 "평범한 사람이라도 믿고 칭찬하고 격려하면 기대한 만큼 변화한다"라고 했다. 이것이 그 유명한 '로젠탈 이론'이다.

예를 하나 들어보겠다. 결론부터 말하면 관리자의 생각이 한 사람의 인생을 바꿔놓을 수도 있다는 이야기이다. 여러분이 어떤 조직에 처음 몸을 담았다고 해보자. 그러면 여러분 위로 과장도 있고 팀장도 있을 텐데, 그들이 자신을 어떻게 생각하는지에 따라 인생이 달라질 수 있다.

이를테면 상사인 팀장이 '김 대리는 책임감이 없고 일을 시켜야 겨우 하는 사람'이라는 생각을 했다면 보통 심각한 문제가 아니다. 회사에 입사했다면 부서 사람들과 함께하는 첫 술자리가 매우 중요하다. 만약 그 자리에서 팀장에게 나쁜 인상을 주어, 팀장이 '저 친구는 문제가 있구먼' 하는 생각을 했다고 해보자. 이때 팀장이 가졌던 생각은 그의 모든 행동을 부정적으로 여기게 되고, 그

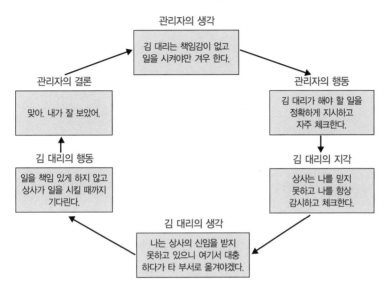

| 자성적 예언 Self fulfilling prophecy |

관리자의 생각
김 대리는 책임감이 없고
일을 시켜야만 겨우 한다.

관리자의 결론
맞아. 내가 잘 보았어.

관리자의 행동
김 대리가 해야 할 일을
정확하게 지시하고
자주 체크한다.

김 대리의 행동
일을 책임 있게 하지 않고
상사가 일을 시킬 때까지
기다린다.

김 대리의 지각
상사는 나를 믿지
못하고 나를 항상
감시하고 체크한다.

김 대리의 생각
나는 상사의 신임을 받지
못하고 있으니 여기서 대충
하다가 타 부서로 옮겨야겠다.

결과 그의 행동은 부정적인 결과를 유발할 수밖에 없는 상황으로 전개된다. 그렇게 되면 그의 직장생활은 끝난 것이나 마찬가지일 것이다.

다시 한 번 위의 표를 보자. 상사가 '김 대리는 책임감이 없고 일을 시켜야만 겨우 한다'라는 생각을 했다. 다음에는 상사의 행동이 바뀐다. 김 대리가 해야 할 일을 정확하게 지시하고 자주 체크한다. 그러면 김 대리는 '상사는 나를 믿지 못하고 나를 항상 감시하고 체크하는구나'라는 지각을 하게 된다.

그럼 무슨 일이 일어날까? 김 대리는 '나는 상사의 신임을 받지 못하고 있으니 여기서 대충 하다가 타 부서로 옮겨야겠다'라는 생각을 하게 되고, 상사가 일을 시켜도 잘 하지 않게 된다. 그러면 상사는 '이 사람은 시켜도 일을 잘 하지 않는구나. 연말에 가서 고과 C를 줘야겠다'라고 결심하기에 이른다.

그 결과, 김 대리의 행동은 부정적인 방향으로 더욱 강화된다. 그는 일을 책임 있게 하지 않을뿐더러 상사가 일을 시킬 때까지 기다린다. 다시 말해 김 대리는 무능한 사람이 되는 것이고, 고가는 이미 C가 됐다.

팀장이 자신을 미워하고 있다는 생각이 들면 여러분은 어떻게 해야 할까? 밖에 나갔다 들어올 때 박카스 한 병이라도 사와서 "팀장님, 피곤하시죠?"라는 따뜻한 말과 함께 건네면서 그의 호감을 사야 한다. 이렇게 해서 '저 친구 문제 있는 줄 알았는데 상당히 친절한데?' 하고 팀장의 생각이 바뀌도록 노력해야 한다. 그렇지 않으면 고과 C를 맞고 다른 부서로 가게 된다.

그렇다면 다른 부서에서는 C를 맞고 옮겨온 사람을 어떻게 대하겠는가? '아, 이 사람 문제 있는 사람이구나!' 하는 느낌부터 갖는다. 일단 색안경을 쓰고 보는 것이다.

이런 사람이 그 회사를 떠나면 어떻게 될까? 이전 회사에서와 마찬가지로 아홉 번 열 번 자리를 옮기게 된다. 우리 회사에서도 일을 잘했던 사람이 상사와의 갈등을 이기지 못하고 퇴직한 후에 회사를 여러 차례 옮긴 사례가 있었다. 결국 그는 직장을 못 다니고 시장에서 건어물 장사를 하고 있다. 언젠가 나를 보더니 우리 회사 식당에 건어물을 넣어달라고 부탁하던데, 그 모습을 보고 참 유능했던 사람이 안됐다는 생각이 들었다. 이런 일을 겪지 않으려면 '자성적 예언', 즉 상사로 하여금 내가 좋은 사람이라고 느끼도록 노력해야 한다.

지금 이 순간, 이것 하나만 확실히 실천해도 여러분의 인생은 앞으로 좋은 쪽으로 변화할 것이다. 그러니 이것만은 꼭 기억해두도록 하자.

회사의 경영철학과 자신이 잘 맞는지 미리 파악하라

다음으로 아주 중요한 부분인데, 우선 조직에 대해 잘 이해해야한다. 조직 하니까 다음 이야기가 생각난다.

《삼국지》에 나오는 도원결의桃園結義의 세 주역인 유비, 관우, 장비를 알 것이다. 요즘 떠도는 유머를 듣다보면 옛날에 죽었던 사람들이 다시 태어나기도 하는데, 이 세 사람도 다시 태어나서 새로운 이야기를 만들어내고 있다.

유비, 관우, 장비가 종로의 서울극장에 영화를 보러 갔다. 배가고파 우선 점심을 먹으러 갔는데 영화표를 안 사온 것이다. 그러면누가 표를 사러 가겠는가? 마땅히 막내인 장비가 가야 할 것이다.

"장비야."

"예, 따꺼."

"가서 표를 사와라."

"예, 따꺼."

이렇게 해서 장비가 표를 사러 갔다.

유비와 관우는 칼국수를 시켜놓고 한참을 기다려도 장비가 나타나지 않자 할 수 없이 먼저 먹었다. 식사를 마친 후 유비와 관우는 극장으로 갔다. 그런데 장비가 매표소 직원과 싸우고 있는 것이 아닌가. 장비는 매표소를 아예 박살을 내놓았다.

유비와 관우는 놀라서 물었다.

"장비야, 사오라는 표는 안 사오고 왜 매표소를 박살을 냈느냐?"

그러자 장비가 화를 삭이지 못한 채 말했다.

"이놈들이 조조는 할인해주고 저는 할인을 안 해줘서 박살을 냈습니다."

우스개로 해본 소리인데, 나는 이 이야기를 인사관리에 적용해보았다. 유비, 관우, 장비의 성격은 제각각 다르다. 그런데 장비에게 '넌 유비를 닮아라'라고 하면 되겠는가? 그래서 나는 사람을 채용할 때, 자리가 비면 그 자리에 맞는 사람을 뽑아야 한다는 주의이다.

사람의 속성은 변하지 않는다. 이 사실을 많은 회사들도 알고 있다. 여러분이 아무리 위장을 하려고 해도 소용이 없다. 그러니 처음부터 솔직해져라.

자신이 현재 다니고 있는 회사, 앞으로 들어가고 싶은 회사의 경영철학이 무엇인지, 비전이 무엇인지 파악해야 한다. 그래서 자신과 회사의 궁합이 잘 맞는지 빨리 판단해야 한다. 이것은 매우 중요한 문제이다.

65쪽에 보면 사원정신이라는 것이 있다. 경영비전이란 그 회사의 5년 내지 10년 후의 모습을 말하는데, 이 비전을 달성하기 위해

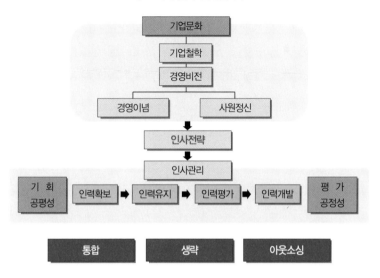

| 조직의 틀과 인사관리 |

회사에는 두 부류의 사람이 있다. 경영자가 있고 사원이 있다. 경영자는 이 목표를 달성하기 위해 '나는 어떤 경영을 해나가겠다'라는 경영방침을 정한다. 이것이 경영이념이다.

사원정신은 회사에서 바라는 인재상이다. 회사가 제시하는 '우리는 이런 인재를 원한다'는 것을 잘 보고 내가 거기에 맞는지를 생각해보기 바란다. 그러한 사람을 뽑으면 교육도 그만큼 줄어든다. 영국의 유명한 컨설턴트이자 저술가인 마커스 버킹엄Marcus Buckingham이 쓴 《사람의 열정을 이끌어내는 유능한 관리자First, break all the rules》에 보면 '사람은 좀처럼 변하지 않는다. 그것을 변화시키려고 하지 말라'라는 말이 나온다. 나는 이것을 읽고 인사관리의 묘미가 바로 여기에 있었구나 하고 생각했다.

그래서 나는 요즘 '한국형 인사관리'라는 말을 거의 안 쓴다. 인사전략이라는 것 자체가 그 자리에 맞는 사람을 뽑아서 꾸려가는 것이기 때문이다. 전략은 선택이라고 했다. 따라서 인사관리란 조직이 필요로 하는 사람, 인사전략이 추구하는 방향에 맞는 사람을 확보해서 유지하는 것이다. 또 그 사람이 잘하고 있는지 업무능력을 평가해서, 부족하다고 판단되면 능력 개발을 위해 교육을 시키는 것이다. 다시 말해 조직이 필요로 하는 인력을 확보하고 유지하고 평가하고 개발하는 관리활동이 인사관리이다.

고성과 조직의 조건

일을 하는 사람의 입장에서는 자신의 경쟁력을 키워 그 조직에서 꼭 필요한 사람이 되는 게 가장 중요한 과제라면, 기업의 입장에서는 유능한 직원들이 오래 머물며 능력을 발휘할 수 있도록 여건을 만들어주는 것이 중요하다. 첫 번째 조건은 성과가 좋은 조직이 되는 것이다. 외환위기 때도 그랬고 최근의 금융위기 때도 마찬가지인데, 이런 위기가 오면 쓰러지는 회사가 많다. 반면 꿋꿋하게 잘 살아남는 회사도 있는데, 이 회사들은 남다른 무언가가 있기 때문이다. 그 비결이 무엇인지 한번 보자.

첫째, 경영관리 시스템이 잘 구축된 조직이 되어야 한다.
먼저 경영관리 시스템을 잘 구축해야 한다. 사원들이 입사하면 철저히 교육을 시키고 어느 정도 수준이 되면 해외에서 공부도 시키는 시스템이 갖추어진 회사가 있다. 반면 필요할 때마다 교육을 시키는 회사도 있다. 후자의 회사들은 당장 겉으로는 잘 나타나지 않지만, 사고가 생겨 걷잡을 수 없는 문제가 일어나면 그 심각성이 드러난다. 회사 내 시스템이 잘 갖추어져 있는지 어떤지는 그 회사의 인사제도를 보면 알 수 있다.

우리 회사는 직원들이 4~5년 정도 근무해서 성적이 좋으면 '퓨처 리더'로 뽑는다. 그들만 따로 특수교육을 시키는데, 성적이 20위권 내에 들면 해외 MBA를 보내준다. 대개는 2~3명을 계속해서 뽑고 있고 학교도 에모리나 컬럼비아, 와튼, 듀크 등 다양한 곳으로 보낸다. 이들이 공부를 마치고 한국에 돌아올 때면 실력이 상당해져 있는데, 영어도 아주 잘해서 글로벌 인재로서 손색이 없다.

해외로 가는 조건도 아주 좋다. 결혼했다면 부부가 같이 가서 생활할 수 있게 보장하고 급여도 한국에서 받던 그대로 제공한다. 어떤 사람은 그 돈을 알뜰하게 저축해서 목돈을 마련하기도 한다. 이처럼 일도 공부도 열심히 하는 사람에게 기회는 얼마든지 있다.

둘째, 가치(재무, 지식, 감성)가 높은 조직이 되어야 한다.
고성과 조직이 되는 요건은 다음 두 가지이다. 하나는 앞에서 이야기한 '시스템'이고, 또 하나는 감성적인 만족을 통한 조직 구성원의 '자발적인 참여'이다.

조직의 가치는 다음 세 가지로 말할 수 있다. 첫째는 재무적인 가치이다. 그 조직이 돈을 잘 벌고 있는가 아닌가 하는 문제이다. 둘째는 지식가치이다. 조직원들의 머릿속에 들어 있는 지식을 회사의 시스템과 얼마나 잘 접목시키느냐이다.

셋째는 감성가치이다. 이것을 알고 싶다면 그 회사에 다니는 사람을 만나보면 쉽게 파악할 수 있다. 회사를 사랑하는 사람은 자기 회사를 나쁘게 말하지 못한다. 회사에 대해 애정을 가지고 이야기하는 사람은 감성적인 만족이 높은 사람이다. 이런 회사를 만들어야 하고, 또 이런 회사를 선택해야 한다. 돈도 잘 벌고 지식가치가 잘 축적되면서 회사를 정말 사랑하는 사람들이 많은 회사 말이다.

1984년과 1998년에 〈포천〉에서 신뢰기업을 발표했다. 신뢰지수는 진실성, 존중, 공정성, 일과 기업에 대한 긍지, 동료의식에 대한 설문 등으로 평가가 이루어졌다. 〈포천〉에 따르면 100대 신뢰기업이 그렇지 않은 기업보다 실적이 좋다고 한다. 최근 통계가 없어서 옛날 데이터이긴 하지만, 1984년에 발표한 것을 보면 주당수익률EPS은 신뢰기업이 그렇지 않은 기업보다 높은 수준이었고 평균 주가도 거의 3배 수준이었다. 1998년의 자료를 보면 자기자본 수익률ROI은 거의 2배 수준에 이르고 있다. 이는 왜 신뢰할 만한 기업을 선택해야 하는지 잘 보여준다.

셋째, 실현가능한 꿈과 공유를 실천하는 조직이 되어야 한다.

그 기업이 고성과 조직인지 아닌지는 그 회사에 비전이 확실히 있는지 없는지로 간단명료하게 알아볼 수 있다. 비전에는 두 가지

조건이 있다. 첫째는 여러 사람의 의견을 최대한 끌어모아야 한다. 100명의 직원이 있다면 그들 모두가 각자의 의견을 내는 것이다. 이때 놓치지 말아야 할 것은 실현가능한 꿈이어야 한다. 이렇게 모든 직원이 다양한 의견을 자유롭게 개진할 수 있는 것이 중요하다.

둘째는 이 많은 의견을 하나의 의견으로 모아야 하는데 전체 의견이 다 똑같을 수는 없다. 토론과정을 거쳐 하나의 목표로 가져가는 것, 이것이 바로 비전이다. 비전이란 다시 말하면 '실현 가능한 꿈'과 '공유sharing'로 요약할 수 있다.

칭기즈 칸Chingiz Khan은 "병사 한 사람 한 사람이 꾸는 꿈은 그냥 꿈으로 끝날 수 있지만 모두가 함께 꾸면 현실이 된다"라고 말했다.

그리고 보면 칭기즈 칸도 그 옛날에 비전에 대해 아주 정확하게 지적했다. '함께 꾼다' '셰어링한다'는 것이다. 가족 구성원 사이에서도 마찬가지이다. 가장이 일방적으로 비전을 내놓고 다른 가족에게 따라오라고 강요하기보다는 서로 대화를 통해서 공동의 목표를 설정해나가야 한다. 이렇게 하면 시간이 더딜 것 같지만 결과적으로 목표에 도달하기는 더 쉽다는 사실을 잊지 말길 바란다.

| 고성과 조직의 기본 조건 |

기본을 탄탄하게 다진 후에 응용하라

이제는 유능한 조직에서 어떻게 처신해야 하는지 인사담당자의 입장에서 이야기하고자 한다. 우선 자신의 미래를 튼튼하게 설계하라는 주문을 하고 싶다. 그렇다면 미래를 어떻게 설계해야 할까? 나는 '수守' '파破' '리離'를 강조하고 싶다. 매우 중요한 이야기인데, '수'는 지킨다, '파'는 깬다, '리'는 떠난다는 뜻이다.

여러분은 아마 영화 〈쉘 위 댄스? Shall We Dance?〉를 보았을 것이다. 이 영화에서 보면 춤을 배우는 데도 엄격한 룰이 있다. 스텝을 하나하나 밟아나가는 과정 말이다.

우리 회사 연수원에서 퓨처 리더 양성과정을 만들어 6개월씩 교육을 시킬 때의 이야기이다. 그때는 볼링, 골프, 어학을 비롯하여 막 생겨나기 시작한 인터넷 등이 최고의 화제였다. 그런데 우리 연수원에서는 춤을 가르쳤다. 연수원에 가면 다 스텝을 밟아야 했다. 왈츠, 지르박, 탱고…… 춤은 정확한 스텝을 밟는 동작이 전부라 해도 과언이 아닐 만큼 스텝이 매우 중요하다. 기본 동작을 다 익히고 나면 다음 단계가 응용이다. 가령 지르박 스텝의 경우, 삼각형으로도 해보고 일자로도 해보고 옆으로도 응용해보는 것이다. 이것이 '파', 깨는 것이다. 다음은 '리', 자기만의 세계를 만들어 떠나는 것이다. 내가 보니까 세상만사가 모두 그런 과정인 것 같다. 지킨다, 깬다, 떠난다…….

특히 골프는 기본이 중요하다. 처음에는 금방 잘할 것 같지만, 처음부터 드라이브 연습을 하다보면 평생 90을 못 깨는 경우도 있다. 그래서 기본에 충실해서 튼튼히 하는 것이 중요하다. 이 '수, 파, 리'는 검도하는 사람들은 모두 알 것이다.

어떤 일을 하든 기본을 철저하게 하고 그것을 응용해나가는 자세가 필요하다. 자신의 분야에 정통해서 누구도 따라올 수 없을 정도가 되어야 한다. 나는 인사를 이야기할 때 이 이야기를 꼭 하는데, 모든 업무도 마찬가지일 것이다.

리더십을 기르기 위해 가장 중요한 것은 신뢰이다

회사에 들어와서 연차가 어느 정도 되면 부하직원이 생길 것이다. 이 부하직원을 이끌어나가려면 리더십이 필요하다. 리더로서의 자질이 부족하면 승진도 어렵다. 일을 열심히 하고 잘 해내는 것도 중요하지만, 조직의 성질을 이해하고 구성원들을 자신이 원하는 방향으로 이끄는 리더십이 더욱 중요하다. 리더십이야말로 더욱 본질적이고 고난도의 능력이라고 할 수 있다. 그래서 리더십에 대한 이런저런 유형도 기술도 많다.

오랜 경험을 통해 나는 리더십을 기르기 위해서 가장 중요한 것은 '신뢰'라는 생각을 더욱 확신하게 되었다. 신뢰란 말 그대로 믿는 것이다. 의심이 많은 상사 아래에서는 사람이 크지 못한다. 그런데 무조건 믿는다는 게 말처럼 쉽지 않다. 여러분은 지금부터라도 신뢰하는 법을 익히고 연습해야 한다. 사람을 믿어야 한다.

고故 이병철 회장님의 자서전에 이런 말이 나온다. "의심나면 쓰지 말고 썼으면 믿고 맡겨라." 참 마음에 와닿는 말이다.

목표는 구체적으로 정하라

여러분 마음속에 어떤 목표가 있는가? 그리고 그 목표를 성취해낼 열정으로 충만해 있는가? 목표에는 두 가지 조건이 따라붙어야 한다. 철학과 존재이유가 그것이다. 이를 전제로 먼저 5년 후와 10년 후의 목표를 정하고, 좀더 좁혀서 그다음 1년 목표, 3개월 목표를 정한다. 목표는 매우 구체적으로 정해야 한다. 그래서 '스마트 SMART'라는 말이 나온 것이다.

스마트 SMART

Specific(구체적으로)

Measurable(측정 가능하도록)

Action-oriented(행동할 수 있는)

Realistic(현실적인)

Time-based(시기가 명확해야 하는)

이처럼 세부 사항을 구체적으로 정해서 실천하는 것이 목표 달성에 효과적이다. 그렇게 해야만 방심하지 않고 부지런히 실천할 수 있으며 성공 확률도 높아진다.

언젠가 회사의 CEO들에게 '당신이 사람을 채용한다면 어떤 사람을 채용하겠는가?'라는 설문조사를 한 적이 있다. CEO들은 한 결같이 '어떤 일이 떨어졌을 때 우선순위를 잘 결정할 수 있는 사람, 우선순위가 결정되면 그 일에 열정적으로 덤빌 수 있는 사람'이라고 답했다.

어떤 일이 주어졌을 때, 그 조직이 추구하고자 하는 목표가 무엇인지 재빨리 파악할 수 있어야 한다. 또 일의 우선순위를 정해서 자신의 온 역량을 쏟아부어 그 일을 확실하게 매듭지을 수 있어야 한다. 그러기 위해서는 무엇보다 분명한 목표를 세우고 무서운 열정으로 일에 매진해야 한다.

마음 관리도 연습이 필요하다

비단 경영자뿐만 아니라 우리 모두 평소에 마음의 평정심과 균형감각을 가질 수 있도록 노력해야 한다. 지금까지 말한 모든 것을 아무리 잘한다고 해도 마음을 다스릴 수 없으면 조그마한 외부의 영향에도 쉽게 무너져내리는 모래성과도 같다. 마음속에서 좋은 생각을 하려면 훈련을 해야 한다. 피아노를 잘 치려면 연습을 해야 하듯이, 마찬가지로 마음 관리도 연습이 필요하다.

특히 요즘처럼 복잡하고 어려운 상황이 계속될수록 마음이 안정되어 있지 않으면 의사결정을 위한 판단에 오류를 범하기 쉽다. 그 결과는 어려운 인생으로 연결되기 마련이다. 인생을 살아가는 데 있어 소중한 것이 과연 무엇인지 생각하면서 항상 기도하는 마음으로 살아가는 것이 필요하다. 이를 위해 매일 30분가량 시간을 내어 명상음악을 듣거나 명상을 해보라. 매일 식사를 하듯 마음 관리 연습을 꾸준히 하다보면 어느새 성과가 나타날 것이다.

선택하고 집중하라

외환위기 때 많은 기업들이 헐값에 넘어가는 것을 보면서 하버드 경영대학원 교수인 로사베스 칸터Rosabeth Moss Kanter는 '일류기업의 조건'에 대해 다음과 같이 이야기했다.

이것은 인터넷 경제와도 통하는 이야기인데, 그는 일류기업이 되기 위해서는 다음 세 가지의 노력이 꼭 필요하다고 했다. 첫째 Concept, 자신의 목표를 정확하게 정하라. 둘째 Competency, 그것에 필요한 역량을 길러라. 셋째 Connection, 부족한 부분은 관계를 통해 공유하라. 특히 마지막 사항을 염두에 두어라.

| 3C |

Concept
Competency
Connection

내일 당장 취업해야 하는 사람이 자기 인생의 목표도 없는 경우가 많다. 대표적인 경우가 영어도 좀 했다가 일본어도 찔끔, 불어도 찔끔 제대로 할 줄 아는 게 없는 사람이다. 이렇게 하면 이도 저도 안 된다. 자신의 중점 목표를 정하고 거기에 필요한 역량을 집중적으로 키워야 한다. 여기서 집중은 '선택'과 '전략'이다.

　취업하고자 하는 회사가 영어가 필요하면 영어를 열심히 공부해야 한다. 만약 아무리 해도 영어가 늘지 않는다면 과감하게 포기할 줄도 알아야 한다. 대신 그것이 자신에게 필요한 역량이라면 '커넥션connection'을 활용하면 된다. 즉 영어를 잘하는 사람을 데려다 쓰는 것이다. 안 되는 것을 억지로 하려 하지 말고 자신이 부족한 부분은 다른 사람한테서 빌려오면 된다는 말이다.

　그리고 자신의 넘치는 역량은 다른 사람에게 나누어준다. 이것이 '셰어링sharing', 즉 공유한다는 것이다. 인터넷 경제에서 가장 중요한 것이 바로 커넥션이다. 이것만 잘해도 일류가 될 수 있다는 점을 반드시 기억하기 바란다.

| 조병린의 경영노트 |

1. 인사관리에 대한 기본 신념 _ 기회의 공평성과 평가의 공정성
2. 인생의 목표 _ 편안하고 부드럽고 따뜻한 사람
3. 생활신조 _ 事必歸正/知止

01_ 자신이 잘하는 것을 집중 육성하라고 말씀하셨는데요, 요즘 자연과학과 인문학을 연결하고자 하는 통합 학문 이론인 통섭統攝이 등장하고 있습니다. 전체를 두루두루 살펴볼 수 있는 눈을 기르기 위해서는 때로는 자신이 배우고 싶지 않더라도, 또 읽고 싶지 않더라도 학문을 배우고 책을 읽어야 한다는 말을 들었습니다. 둘 사이의 균형을 어떻게 이루어야 할지요?

어떤 분야든 한 가지에 정통하면 다른 분야도 통하는 법입니다. 문제는 제대로 알지 않고 수박 겉 핥기 식으로 한다는 것이지요. 그러니 서로 연결이 안 되는 것입니다. 서예를 하시는 분을 아는데, 그분이 자신은 회화는 전혀 몰랐는데 서예를 계속 하다보니 어느 날 그림이 눈에 들어오더라는 말씀을 하더군요. 그림을 보는 순간 온몸에 짜릿짜릿한 전율 같은 게 흐르더라는 것입니다. 이처럼 한 분야에 깊이 정통하면 다른 분야도 통한다고 생각합니다.

그러나 통섭의 원리 또한 인생을 살아가는 데 있어 분명 필요한 요소라고 생각합니다.

02_ 기업이 성장하기 위해서는 단계를 거치는데, 지금 단계에서 다음 단계로 도약하는 데 어려움이 따르는 것 같습니다. 그 어려움을 어떻게 하면 극복할 수 있는지 현실적인 조언을 듣고 싶습니다.

가끔 중소기업체 사장님들과 이야기를 하다보면, 직원들과의 소통에서 장벽을 느끼는 것 같습니다. 보통 직원이 20~30명 되는 중소기업일 때는 사장이 모든 직원들을 다 파악하고 일일이 지시하는 것이 가능합니다. 그런데 조직이 100명 정도가 되면 사장이 직원들에게 일일이 지시하고 간섭하는 기존의 방식이 통하지 않습니다. 그런데도 옛날 방식대로 사장이 직원들한테 일일이 지시하고 간섭하는 겁니다.

아까 고성과 조직의 기본이 되는 첫째 조건이 시스템이라고 말씀드렸습니다. 회사가 커지면 리더 한 사람이 조직을 끌고 가는 것이 아니라 시스템으로 조직을 끌고 가게 만들어야 합니다. 그런데 대부분의 사장님들이 이 장벽을 잘 못 넘어서는 것 같습니다. 시스템을 만들어놓으면 본인 스스로 답답한 겁니다. 그래서 간섭을 하게 되고, 그러면 성장할 수 있는데도 멈춰버리고 맙니다.

쉽지 않겠지만 우선은 시스템으로 돌아가 자율성을 가질 수 있도록 하는 데 역점을 두어야 합니다. 그렇게 되었을 때 비로소 그 조직도 한 단계 도약할 수 있을 것입니다.

직장인의 천국을 만들어라

GWP 운동에서 배우는 경영혁신의 방향

김종훈 (金鍾勳, Jong Hoon Kim) 한미파슨스 회장

1984 삼성물산 임원

1996 한미파슨스 대표이사 사장

2009 한미파슨스 대표이사 회장

　　　건설산업비전포럼 공동대표

　　　국토해양부장관 정책자문위원

　　　한국 CM협회 부회장

구성원들의 '행복'을 위해 앞장서는 CEO

한미파슨스의 김종훈 회장은 '직장은 자신의 업무를 넘어 행복을 성취하는 곳'이라는 경영철학을 가지고 있다. 기존의 틀에서 벗어난 재미있는 생각들, 즐거운 일터가 창조적 생각을 가능하게 한다고 믿으며 누구보다도 행복한 직장을 만드는 데 심혈을 기울여왔다.

그가 꿈꾸는 이상적인 회사는 '세상 어느 곳보다 늘 출근하고 싶게 만드는 곳'이다. 그리고 직장을 통해 자신의 꿈을 이룰 수 있어야 한다. 만약 그런 직장이 바다라고 한다면 구성원들은 바다를 무대삼아 꿈을 꿀 것이고, 회사는 그 꿈을 펼칠 수 있는 꿈의 무대를 만들어주어야 한다는 게 그의 생각이다. 이런 면에서 볼 때 '협력을 통한 조화'를 중시하는 한미파슨스의 기업문화를 만들어온 그는 오케스트라의 지휘자와 닮았다.

천국 같은 직장을 만들어 천국 같은 성과를 꿈꾸라

이런 그가 수장으로 있는 한미파슨스의 모든 구성원들은 매주 월요일 아침마다 경영비전과 핵심가치를 외치고 업무를 시작한다. 자신이 소속되어 있는 회사에 자부심을 느끼며 꿈과 비전을 달성하기 위해 노력하려는 결의를 다지는 것이다. 김종훈 회장은 "구성원 모두가 한미파슨스의 주인이며 다른 기업보다 유대감이 두텁다"고 자신 있게 말한다. 이처럼 일하기 좋은 문화를 일구어낸 비결은 무엇일까? 기업이 설립되고 존속되는 이유가 '돈보다는 직장인들의 천국 만들기'에 있다고 주장하는 김종훈 회장의 경영철학과 맞닿아 있기 때문일 것이다. '천국 같은 직장을 만들어 기대 이상의 성과를 내는' 한미파슨스의 기업문화에 대한 이야기를 우리 함께 들어보자.

김종훈'직장인의 천국 만들기'라는 독특한 기업문화를 실현하려는 꿈을 가진 한미파슨스의 김종훈 회장. 그의 노력은 실제 성과로도 이어지고 있다. 한미파슨스는 1996년 미국의 파슨스 사와의 합작으로 출발했지만, 회사 주식의 100퍼센트를 구성원이 소유한 독특한 오너십을 가진 회사로 변모했고 2009년 6월 상장기업이 되었다. 뿐만 아니라 김종훈 회장은 우리나라에 'CMConstruction Management, 건설사업관리'라는 건설 분야의 새로운 영역을 개척했다. 건축의 미래 시장으로 꼽히고 있는 CM은 건설사업의 기획 단계부터 설계관리, 발주관리, 시공관리 등에 이르는 전 과정을 관리 감독하는 일이다. 그가 설립한 한미파슨스는 이 분야에서 국내 선두이면서 세계 16위를 달리고 있는 기업으로, 미국 〈ENR〉지에 랭크되기도 했다. 2008년에는 제8회 자랑스러운 한국인 대상 건설발전 부문상, IMI 경영대상(지식경영 부문), 그리고 7년 연속 대한민국 훌륭한 일터상과 2009년 대상을 수상했다. 그 이야기 속으로 들어가보자.

여러분은 어떤 직장을 꿈꾸는가? 아마도 신바람 나는 일터에서 자신의 꿈을 펼치는 것, 이것이 우리 모두가 바라는 이상적인 직장의 모습일 것이다. 여러분에게 그 이야기를 들려드리려고 한다. 먼저 본격적으로 이야기를 시작하기 전에 내 이야기를 잠깐 하겠다. 다음 페이지의 사진을 봐주기 바란다. 회사를 설립하고 10년째 되던 해, 두 달가량 휴가를 내고 설악산에 다녀왔는데 그때의 모습이다.

직장생활 20~30년 한 분들은 '더도 말고 1주일만 원 없이 쉬어봤으면 좋겠다'라는 생각을 많이 할 것이다. 직장에 다녀보신 분들은 공감하겠지만, 이게 하면 될 것 같지만 참 쉬운 일이 아니다. 그런데 나는 1주일이 아니라 무려 두 달 동안이나 휴가를 다녀왔다.

2006년 설악산에서 안식휴가 중의 모습

그것도 CEO라는 직책을 맡고 있으면서 말이다. 어떤 분들은 말도 안 되는 이야기라고 생각할지도 모르겠다.

나의 설악산행과 안식휴가제도

2005년에 나는 직장생활을 한 지 30년차를 맞아 좀 쉬어야겠다고 마음먹었지만 회사 일 때문에 쉬지를 못했다. 그래서 2005년이 저물고 2006년이 시작되는 즈음에 회사의 중요한 일을 빨리 처리해놓고 무조건 두 달쯤 쉬어야겠다고 작정을 했다. 사실 그때 나는 '내가 CEO이니 내가 결정하면 되겠지' 하는 생각으로 휴가를 결심했다.

그런데 막상 결정을 내리고 나서야 그런 나의 생각이 잘못되었다는 것을 깨달았다. 회사 구성원들도 똑같은 사람인데 그들 역시 쉬고 싶지 않겠는가? 그렇다면 나 혼자 쉰다고 해결될 문제는 아니라는 판단이 들었다. 내가 대접을 받으려면 상대방을 대접해주어야 하는 것처럼, 아예 장기 휴가를 제도로 만들어보면 어떨까 하는 생각을 하게 되었다. 그리고 내가 먼저 모범을 보이자는 생각으로 휴가를 신청하고 가뿐한 마음으로 떠났다.

나의 설악산행은 그렇게 이루어졌다. 그리고 휴가의 절반가량인 5주를 설악산에서 보내며 작심하고 세상과 연락을 끊었다. 사진에서 보는 것처럼 수염도 깎지 않고, TV도 보지 않고 전화도 받지 않았다. 물론 CEO라는 직책에 있다보니 필요할 때 내가 가끔 전화를 하는 게 다였다. 그 외에는 정말 내가 하고 싶은 것만 하면서 시간을 보냈다.

그래도 내 나름대로는 분명한 목표가 있었다. 이른바 당시의 내 생활의 목표를 측정하는 지표인 KPI Key Performance Indicator가 있었는데 매일 등산하기, 매일 목욕하기, 하루에 책 한 권씩 읽기, 사색하기, 음악 듣기 등이었다. 그 목표들을 꾸준히 지키며 설악산에서 5주를 보내고 나서 인도로 떠났다.

인도에서 보낸 나날들도 설악산에서 보낸 생활과 엇비슷했지만, 그곳에서는 종교에 대해 깊이 생각하는 기회를 가졌다. '우리 인생이 무엇인가'에 대해 돌이켜보았다. 특히 '산다는 것은 무엇인가' '무엇으로 나의 이름을 세상에 남길 것인가'에 대한 사색을 많이 했다. 아울러 내 나이가 어느 정도 들었기 때문에 '내 남은 인생을 어떻게 살 것인가' 하는 고민도 많이 했다. 그렇게 보낸 두 달이 내 인생에서 그 어느 때보다 유익한 시간이었다고 지금도 서슴없이 말할 수 있다.

다른 회사 CEO들한테 이 이야기를 하면 깜짝 놀란다. CEO로서

두 달 동안 회사 일을 보지 않고 쉰다는 것은 결코 쉬운 결단이 아니기 때문이다. 특히 나는 회사를 설립할 때부터 업무에 적극적으로 관여하며 열정적으로 활동하는 CEO였다. 그런 내가 무려 두 달 동안 어떠한 지시도 하지 않고, 아무런 보고도 받지 않고, 회사 업무를 떠나 완벽한 휴가를 보낸 것이다. 그런데 그 기간 동안에도 회사는 여전히 성장하고 있었고, 나는 덤으로 건강이라는 좋은 선물까지 받았다. 육체적인 건강뿐만 아니라 정신적으로 더욱 건강해졌다는 것이 무엇보다 좋았다.

이렇게 휴가를 마치고 회사로 돌아온 나는 안식휴가제도를 만들어 정착시키기로 결심했다.

하지만 구성원들은 처음에 현업에서 두 달 동안이나 휴가를 떠나도 괜찮은 것인지, 또 자신이 맡은 일에 지장이나 문제는 없을지 머뭇거렸다. 나는 그런 그들을 보면서 '잘 노는 사람이 일도 잘한다'며 계속 부추겼다. 그러다보니 어느새 구성원들도 부담 없이 휴가를 다녀오게 되었다.

안식휴가제도의 도입으로 우리 회사에서는 임원들은 5년에 한 번씩, 구성원들은 10년에 한 번씩 두 달의 유급 휴가를 떠난다. 휴가를 다녀온 후에는 반드시 휴가기를 작성해서 사내 인터넷망인 인트라넷HITS 게시판에 올린다. 이는 다른 구성원들이 휴가 계획을 세우는 데 도움을 주기 위해서이다. 이렇게 안식휴가제도는 우리 회사의 독창적인 여러 제도 가운데 구성원들이 가장 좋아하는 제도로 자리 잡게 되었다.

기업문화를 바꾸는 것이 창조적 혁신의 시작

좋은 기업문화가 있어야 구성원이 즐겁게 일할 수 있고, 구성원이 즐겁게 일할 수 있어야 최고의 성과도 올릴 수 있으며 지속가능경영도 가능하다. 우리는 GWP 운동을 근간으로 좋은 기업문화 만들기에 박차를 가하고 있다. 하지만 기업문화란 기업경영에 있어 가장 효과적인 자원인 동시에 가장 치명적인 요소도 될 수 있는 양날의 칼과도 같은 것이다. 따라서 좋은 기업문화의 출발점은 항상 '사람'이 되어야 한다.

나는 원래 건축공학 엔지니어 출신으로 경영학자는 아니지만, 우리 회사가 좋은 기업문화를 만들기 위해 심혈을 기울이고 있는 만큼 기업문화의 본질적인 정의부터 잠깐 살펴보도록 하겠다.

원래 문화란 '사회 구성원들의 공통적인 가치관, 신념, 이념, 관습, 지식, 기술 등을 모두 포함하는 생활양식'을 말한다. 하지만 이것만으로 문화를 정의하기는 어렵다. 왜냐하면 문화라는 개념이 매우 포괄적이기 때문이다. 그렇다면 기업문화를 어떻게 정의할 수 있을까? 쉽게 대답하려면 문화의 정의에서 '사회 구성원'이라는 단어를 '기업 구성원'으로 바꾸면 될 것이다. 그러나 이 두 가지 개념 사이에는 근본적인 차이가 있다. 전자가 인류학이나 사회학의 관점에서 접근하는 것이라면, 후자는 경영학 분야에서 다루어지는 것이기 때문이다.

경영학의 관점에서 본 기업문화란 '다양한 계층, 인종, 성별로 구성된 기업 구성원, 그들의 생각과 행동, 그리고 기업을 통합한 개념으로 기업행동에 관한 일반적인 개념'이라고 정의할 수 있다. 즉 기업의 철학(기업의 설립자 혹은 경영자의 철학일 수도 있고 기업의 경영원칙일 수도 있다) 과 기업 구성원이 기업 목표(이윤 창출)를 이루기 위해 보이는 열정, 신념, 가치관, 규정, 행동양식 등을 총칭하여 일컫는 말이다. 따라서 한 기업의 과거, 현재, 미래를 알기 위한 가장 좋은 방법은 그 기업의 문화를 이해하는 것이다.

21세기 기업은 스위치를 올리고 재료만 넣으면 상품이 쏟아져 나오는 기계적 생산 중심의 2차 산업 시대와는 다르다. 이제는 사람과 사람의 관계가 생산성을 좌우하는 3차 산업이 주가 되는 세상이기 때문이다. 어떤 상황에서도 일정한 생산성을 유지하는 기계와 달리 사람은 날씨, 컨디션, 스트레스 등 다양한 요인이나 기업문화에 따라 생산성이 달라질 수 있다. 그러므로 기업문화의 질에 따라 같은 업종, 비슷한 능력을 가진 기업이라 하더라도 생산성은 엄청난 차이를 보일 수 있다.

최신식 사무실에서 훌륭한 장비를 가지고 일을 한다고 해서 그것이 곧 생산성으로 이어지는 것은 아니다. 또 허름한 건물에서 낡아빠진 구형 장비를 활용해 일을 하더라도 기업 구성원이 좋아하는 기업문화가 존재한다면 오히려 더 높은 생산성을 보이는 회사들도 많다.

그렇기 때문에 오늘날 기업의 생산성에 가장 큰 영향을 미치는 것이 바로 기업문화임을 상기할 필요가 있다. 많은 전문가들이 예측하는 바와 같이, 3차 산업 중심으로의 산업구조 개편이 더욱 확대되는 상황에서 기업문화는 일류기업을 구분하는 잣대가 될 것임이 분명하다. 따라서 21세기의 올바른 기업문화는 회사의 흥망 성쇠를 결정짓는 중요한 요소이다. 그런 맥락에서 창조적 혁신을 이루어 기업문화를 바꾸어놓은 우리 회사의 GWP Graet Work Place 운동을 소개하고자 한다.

구성원 모두가 기업의 경영비전·미션·핵심가치를 체화

한미파슨스는 1996년 미국과의 합작으로 출발해 상하이, 싱가포르, 마카오, 두바이 등에 해외법인을 두고 있다. 또한 업계 최고의 건설 전문 인력으로 구성되어 있는 한미파슨스는 건설사업관리, 즉 CM Construction Management이라는 새로운 영역의 비즈니스를 하는 회사이다. CM이란 발주처를 대신하여 건설사업의 기획 단계부터 설계관리, 발주관리, 시공관리 등에 이르는 전 과정을 총체적으로 관리 감독하는 일이다.

가령 하나의 건설사업이 추진되려면 여러 업체가 관여를 하게 된다. 우선 발주자가 있고 설계자가 있으며 시공자가 있다. 또 시공자의 경우 사안에 따라 하도급을 주기 때문에 하도급 업자들도 있다. 따라서 건설사업을 추진함에 있어서 각 업체들의 의견을 조율해서 어떤 의사 결정을 내리기가 쉬운 일이 아니다. 그러다보니 대부분의 건설 프로젝트가 당초 계획했던 예산이나 사업기간을 초과하는 경우가 많다.

그래서 CM이 필요한 것이다. CM의 역할은 발주자를 대신하여 여러 건설업체들의 의견을 조율하고 일을 관리하여, 문제가 생길 경우 이를 조율해서 각 업체들 간의 효율성을 극대화하는 것이다. CM의 역할 중에서 가장 중요한 것은 사업비관리이며 다음으로 시간관리이다. 즉 당초 계획했던 예산과 사업기간 내에 프로젝트가 끝날 수 있도록 돕는 일이다.

국내에서 CM이 본격적으로 도입된 것은 2002년 월드컵 메인 스타디움을 건설할 때이다. 그러고보면 한미파슨스도 월드컵을 성공적으로 이끌어내는 데 기여한 숨은 공로자라고 할 수 있다. 시간과 비용의 측면에서 상당한 제약이 있었던 당시 상황에 비추어볼 때, 우리 회사의 CM은 대단히 중요한 역할을 했다고 자부한다. 이후 도곡동 타워팰리스를 비롯하여 700여 개의 CM 프로젝트를 수행했다.

또한 한미파슨스는 미국과의 합작으로 출발했지만 지금은 회사 주식의 100퍼센트를 구성원이 소유한 특이한 오너십을 가진 회사로 발전했다. 그런 만큼 우리 회사는 기업의 비전, 미션, 핵심가치를 매우 중요하게 여긴다. 한 예로 매주 월요일 업무를 시작하기 전에 전 구성원이 모여 회사의 비전, 미션, 핵심가치를 복창한다. 물론 회사마다 방식은 달라도 이러한 형태의 행동지침들이 있을 것이다. 하지만 대부분은 회사 홈페이지나 회의실 같은 곳에 게시되어 있을 뿐 이를 실천하기는 쉽지 않다. 그런데 우리 회사는 비전, 미션, 핵심가치를 구성원 모두가 공감하고 업무에 활용함으로써 이를 체화하려고 노력하고 있다.

일하기 좋은 기업으로 만드는 GWP 운동

GWP 운동은 한미파슨스의 기업문화를 이루는 핵심적인 기반이라고 소개할 수 있다. 이 운동은 회사가 추진하는 경영혁신 활동의 큰 축이자 전체적인 맵이기도 하다. 이 운동은 한마디로 구성원을 만족시키는 경영을 하자는 것이다. 다시 말해 '일하기 좋은 기업 만들기 운동'이다.

선진기업일수록 기업문화를 매우 중요하게 여긴다. 국내에서도 일류기업에 속하는 몇몇 그룹사들은 훌륭한 기업문화를 만들기 위해 노력하고 있다. 특히 요즘같이 어려운 때일수록 기업문화가 잘 갖추어진 기업과 그렇지 못한 기업의 차이는 확연히 드러나기 마련이므로 더더욱 소홀히 할 수 없는 부분이다.

경제학자 짐 콜린스는 《좋은 기업을 넘어 위대한 기업으로Good

| 한미파슨스의 경영혁신 |

to Great》라는 책에서 초우량기업의 사례를 들고 있다. 이 책에서 저자는 초우량기업, 성과를 많이 내는 기업은 기업문화가 마치 광신도처럼 강하다고 말한다. 다시 말해 기업마다 구성원 나름대로의 독특한 문화, 즉 기업문화가 있어서 무슨 일이 생길 때마다 똘똘 뭉치는 특징을 보인다고 한다. 그리하여 '열심히 일하자' '누굴 도와주자' 등에 의견일치가 쉽게 이루어지고, 그만큼 기업이 추구하는 핵심가치를 지키기 위해 기업도 구성원도 철저히 노력하고 윤리경영도 잘 이루어진다는 것이다. 짐 콜린스의 이러한 주장에 대해 대다수의 CEO들도 상당히 공감했던 것이 사실이다.

　기업문화는 다양한 형태로 나타나는데, 일류기업의 조직문화를

| GWP 모델 |

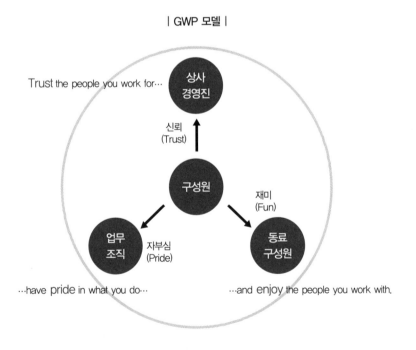

추구하는 GWP 운동 역시 그중 하나이다. GWP, 즉 훌륭한 일터란 조직 구성원 사이에 강한 신뢰가 형성되어 있고 구성원들 모두 업무에 대한 자부심이 강하게 나타난다. 한마디로 훌륭한 일터란 즐겁고 보람 있게 일할 수 있는 회사를 뜻한다. 구성원과 경영진으로 구성된 회사 조직에서 회사와 구성원, 상사와 부하직원의 신뢰가 높고, 업무에 대한 자부심이 강하며, 구성원끼리 동료애로 합심하여 일을 추진하는 과정이 매우 재미있고 즐겁기 때문에 더 좋은 기업문화가 형성될 수 있다. 이것이 GWP 운동의 근간이며, 이는 곧 인본주의에 근거한 기업문화라 할 수 있다.

GWP 운동의 핵심은 기업의 성과 창출

GWP 운동은 미국의 로버트 레버링Robert Levering이라는 저널리스트가 가장 먼저 시작했다. 이 사람 역시 짐 콜린스처럼 성과를 많이 내는 초우량기업에 대한 연구를 하고 인터뷰를 하는 과정에서, 초우량기업에는 일반 기업과는 다른 인자因子가 있다는 점을 알게 되었다.

그는 일반 기업에서는 급여나 복리 수준을 중요하게 여기지만, 초우량기업에서는 급여나 복리 수준보다 '관계의 질'을 더 중요하게 여긴다고 주장한다. 따라서 초우량기업은 일반 기업과는 달리 상호간의 관계, 특히 구성원과 경영진, 상사와 하급 구성원 사이에 신뢰와 믿음, 존중, 공정성을 바탕으로 한 신뢰관계가 형성되어 있고, 구성원과 기업은 자부심으로 똘똘 뭉쳐 있다는 것이다. 한마디로 구성원들이 재미있게 직장생활을 하더라는 것이다.

이와 같은 초우량기업의 공통점을 구현하기 위해 로버트 레버 링은 GWP 운동을 창시했다. 지금은 세계 30여 개국의 여러 기업에서 이 운동을 펼치고 있으며, 7~8년 전부터는 우리나라의 여러 기업에서도 이를 추진하고 있다.

경영 전문지 〈포천〉은 GWP 운동과 관련하여 매년 '일하기 좋은 100대 기업'을 선정하여 발표하고 있는데, 2009년까지 구글이 1위를 했고 비교적 이름이 알려진 유명한 회사가 상위에 랭크되는 경

| GWP 측정 항목 |

믿음 credibility	T R U S T	• 커뮤니케이션(two-way communication), 업무역량(competence), 성실성(integrity)
존중 respect		• 정신적/물리적 지원(support), 참여(collaboration), 관심과 애정(caring)
공정성 fairness		• 공정한 보상(equity), 공평무사(impartiality), 조직 내 정의(justice)
자부심 pride		• 개인업무에 대한 자부심(personal Job), 팀과 동료에 대한 자부심(team), 회사에 대한 자부심(company)
동료애/재미 camaraderie /fun		• 동료간의 친밀감(intimacy), 동료간의 배려(hospitality), 공동체 의식 (community)

우도 있다. 그중에서 4위에 랭크된 유통회사인 컨테이너 스토어Container Store가 아주 특이한 경우인데, 아마 여러분은 이 회사의 이름을 거의 들어본 적이 없을 것이다.

이 회사의 구성원들은 휴가를 가도 동료를 빨리 만나고 싶어하고, 회사에 빨리 출근하고 싶어 안달을 한다고 하니 정말 놀랍지 않은가.

GWP 운동과 비슷한 것으로 펀Fun 경영이 있는데, 우리나라에서도 10여 년 전부터

| 일하기 좋은 100대 기업 |

2007순위	회사명
1	구글
4	컨테이너 스토어
8	보스턴 컨설팅 그룹
11	시스코 시스템즈
14	퀄컴
16	스타벅스
24	노드스트롬
36	골드만삭스
42	PCL 컨스트럭션
44	야후
50	마이크로소프트
55	다우커밍
68	프록터&갬블(P&G)

〈포천〉 발표

여러 회사에서 재미있게 회사생활을 하자는 차원에서 다양한 프로그램을 만들어 시행하고 있다.

펀 경영과 GWP 운동은 비슷한 측면이 있어 자칫 혼동하기도 한다. 하지만 펀 경영은 말 그대로 즐겁게 회사생활을 하자는 것으로 GWP 운동과는 분명한 차이가 있다. GWP 운동의 핵심은 즐겁게 회사생활을 하는 것을 넘어 더 나은 성과를 만들어내자는 것이다.

구성원들이 출근하고 싶어 안달하는 회사

내가 다른 회사에서 일할 때, 세계에서 가장 높은 말레이시아의 쌍둥이 빌딩KLCC 건설 프로젝트에 현장소장으로 참여한 적이 있다. 공사기간이 무척 긴 대형 프로젝트여서 나는 가족들과 함께 말레이시아에 가서 근무를 했다. 그때 우리 아이들은 그곳에 있는 학교를 다녔는데, 방학이 되면 아이들의 태도가 좀 이상해졌다. 보통은 아이들이 방학을 하면 좋아하고 개학을 하면 싫어해서 심하면 스트레스까지 받는다.

그런데 우리 아이들은 방학을 하니까 굉장히 싫어하고, 개학을 한다니까 좋아서 어쩔 줄을 모르는 것이다. 알고보니 우리 아이들만 그런 것이 아니라 다른 집 아이들도 모두 마찬가지 모습을 보였다. 왜 그런가 했더니, 아이들이 학교에 가면 너무너무 즐겁기 때문에 빨리 학교를 가고 싶었던 것이다. 그야말로 아이들에게 학교는 즐거움을 주는 곳이었다.

이런 말레이시아에서의 경험은 내가 한미파슨스를 경영해나가는 데도 지대한 영향을 미쳤다. 그때 우리 아이들이 학교에 가는 것을 좋아했던 것처럼, 우리 구성원들도 출근하는 것을 좋아하는 회사로 만들 수 없을까 많이 고민했다. 말 그대로 구성원들이 추근하고 싶어 안달하는 회사를 만들어보고 싶었다. 그리고 그 방안으로 나는 다음 세 가지를 생각했다.

첫째, 건설산업 선진화의 기수가 되자.

선진 건설 인력을 활용하고 건설사업관리 기법을 접목해 우리 건설산업의 불합리한 관행과 제도를 개혁하자는 것이다. 우리 회사가 설립되기 1년 전인 1995년에 삼풍백화점 붕괴사고가 있었고 그 1년 전인 1994년에는 성수대교가 붕괴되어 온 나라가 뒤집어질 정도였다. 언론에서는 서너 달이 지나도록 연일 이 사고에 대한 보도를 계속했고 이는 곧 사회 불신의 문제로 번졌다.

그 과정을 지켜보면서 나는 비록 우리 회사가 크지는 않지만 최고의 CM 회사를 만들어 건설산업 선진화에 기여하자는 창업철학을 가지게 되었다. 그래서 합작을 통해 선진국의 기술력과 매니지먼트를 접목하여 건설산업의 선진화를 꾀한 것이다.

둘째, 노블리스 오블리주를 실천하자.

삼풍백화점과 성수대교가 무너지는 것을 보면서 우리 회사는 설립 초기부터 기업의 의무를 매우 중요하게 생각했다. 우리 회사가 건설과 관련된 일을 하다보니 그런 생각을 더 많이 하게 되었다. 그런 취지에서 우리 회사는 설립 당시부터 지금까지 전 구성원이 매달 사회공헌 활동을 해오고 있다.

셋째, 구성원이 주인이 되는 회사를 만들자.

GWP 운동 차원에서 볼 때 가장 중요한 것은 '구성원이 주인'이 되는 것이다. 그들이 주인이 되어야 기업을 투명하게 경영할 수 있고 사회적 책임도 다할 수 있다고 생각한다. 우리는 처음에 합작 회사로 출발했기 때문에 나를 비롯해서 전 구성원이 주식을 한 주도 가지고 있지 않았다. 하지만 지금은 회사 주식의 100퍼센트를 구성원이 소유하고 있는 특이한 지배구조를 갖게 되었는데, 이 역시 구성원이 주인이 되는 회사를 만들자는 취지를 실천하기 위해서이다.

결과적으로 우리는 회사 설립 초기 생각했던 회사의 꿈과 비전을 하나하나 이루어나가고 있다. 이것이 결국은 GWP 운동을 실천하는 것이고, 구성원이 만족하는 회사에서 GWP 운동의 목적인 훌륭한 성과를 창출하는 회사가 될 수 있을 것이라고 확신한다.

원활한 커뮤니케이션이 중요한 이유

우리 회사는 또한 커뮤니케이션을 중요하게 생각한다. 물론 커뮤니케이션이 중요하지 않은 회사는 없을 것이다. 그러나 우리 회사에서는 다음 세 가지 이유 때문에 커뮤니케이션은 특별히 중요하다고 할 수 있다.

첫 번째, 우리 회사의 구성원들 대부분은 외부에서 영입된 경력 직원들이라는 점이다. CM이라는 우리의 비즈니스 자체가 건설업체나 설계업체, 나아가서는 발주자를 리드하는 역할을 해야 한다. 때문에 경력이나 실력이 없으면 안 되고 대개는 외부에서 경력 10년 이상의 매니저급을 영입한다. 따라서 그들이 우리의 조직문화와 잘 융합되도록 교육하고 트레이닝하기 위해서는 커뮤니케이션이 무엇보다 중요하다.

　두 번째, 우리 회사의 사업장이 여러 곳으로 분산되어 있기 때문에 대내적으로 커뮤니케이션이 상당히 중요할 수밖에 없다. 우리 회사는 100여 곳에 사업장이 있다. 각 사업장에 구성원의 3분의 2 정도가 파견을 나가 있는데, 그곳에서 우리 구성원들은 수시로 고객들을 만나고 필요한 경우에는 의사결정도 해야 한다. 따라서 원활한 결정을 할 수 있는 커뮤니케이션 통로가 필요하고, 우리는 그 수단으로 온라인을 많이 활용하고 있다.

| 주요 커뮤니케이션 프로그램 |

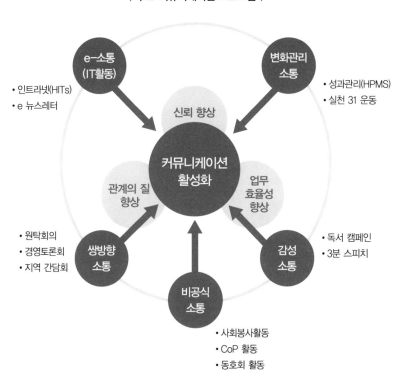

세 번째, 대외적으로는 우리 회사가 기업 대 기업business to business 사업을 하는 회사라는 점이다. CEO를 비롯해 본부장, 임원, 팀장, 실무자 등 다양한 계층의 고객들을 상대해야 하는 만큼 그들과의 커뮤니케이션은 매우 중요하다. 또한 건설 프로젝트에는 수많은 관계자들이 참여하는데, 그들과의 커뮤니케이션 역시 중요하다. 따라서 커뮤니케이션은 우리 회사에서 핵심요소라고 할 수 있다.

그래서 우리는 커뮤니케이션에 상당한 관심을 갖고 실제로 원활한 커뮤니케이션을 위해 다양한 프로그램을 만들어 운영하고 있다. 일방향 커뮤니케이션one-way communication, 쌍방향 커뮤니케이션two-way communication과 같은 전형적인 방식뿐만 아니라, 집단 혹은 하부조직별 커뮤니케이션과 일 대 일 커뮤니케이션face to face communication도 진행한다.

물론 온라인 커뮤니케이션online communication도 하고, 전통 방식의 문서를 통한 커뮤니케이션paper based communication도 하고 있다. 이와 함께 커뮤니케이션과 관련한 지표를 지속적으로 관리하고 있으며, 지표가 좋지 않게 나타날 경우에는 개선하기 위해 꾸준히 노력하고 있다.

GWP 운동의 대표적인 추진 사례

우리 회사에서 실시하고 있는 GWP 운동의 여러 활동 중에서 대표적인 사례 몇 가지만 이야기해보겠다. 우리가 실천하고 있는 이 사례들이 다른 회사에도 전파되어 '직장인의 천국'을 만드는 데 작은 보탬이 되길 바라면서.

첫째는 학자금, 출산 장려금 등의 가족 지원 프로그램의 실행이다.

6~7년 전에 여러 언론에서 우리나라의 인구 문제에 대해 보도한 적이 있다. 지금도 상황이 많이 달라진 것은 아니지만, 당시 매우 심각하게 다루었던 기억이 난다. 당시 나도 우리 회사에 2명 이상의 자녀를 둔 구성원이 얼마나 되는가를 조사했는데, 자녀를 2명 이상 둔 구성원이 상당수 있었고 4명을 둔 구성원도 있었다.

나는 작은 기업이지만 출산 장려의 의미에서 자녀 2명까지 지급하던 학자금을 자녀 수에 상관없이 지원하도록 했다. 이론적으로는 100명의 자녀가 있더라도 그들이 대학을 졸업할 때까지 장학금을 주는 제도를 운영하고 있는 것이다. 이런 일이 다른 기업에도 전파된다면 국가의 출산 장려 정책에 다소나마 기여하지 않을까 하는 생각에서였다. 출산장려금도 50만 원을 지급하고 있다.

둘째는 구성원간의 관계의 질 향상을 위한 구성원 지원 프로그램의 실행이다.

구성원이 불행한 일을 당하거나 집안에 애사가 생기는 경우가 있을 것이다. 우리 회사는 구성원이 그런 일을 당했을 때 많은 지원을 해주고 있다. 특히 본인이 병에 걸린 경우에는 회사에서 적극적으로 도와준다. 사내 모금도 하고 바자회도 연다. 구성원의 숫자가 늘다보니 꽤 많은 금액이 모인다. 우리 회사에 암환자가 2

명 있었는데, 전사적 모금운동을 통해 이들의 치료를 적극 도왔고 현재 완치되어 근무 중이다.

몇 년 전에는 백혈병에 걸려서 어려운 환경에 처한 구성원이 있었는데, 그 역시 회사와 구성원들의 적극적인 도움으로 두 번이나 위기를 넘기고 이제는 완치되어 회사에 복귀해서 정상적으로 근무하고 있다. 대장암에 걸렸다가 완전히 회복되어 다시 근무하는 구성원도 있다.

셋째는 차별화된 사회공헌 프로그램의 실행이다.

사회공헌활동은 우리 회사에서 중요하게 생각하는 부분이다. 앞에서 이야기한 바와 같이 회사 설립 초기부터 전 구성원이 매달 한번도 빠지지 않고 사회공헌활동을 하고 있는데, 회사의 입장에서나 구성원의 입장에서 볼 때 큰 자부심을 가지고 하는 부분이다. 물론 다른 기업에서도 사회공헌활동을 하고 있지만, 우리는 회사의 주업무인 건설과 관련된 특화된 봉사활동을 하고 있다. 장애인시설과 복지시설 개선에 초점을 맞추어 봉사활동을 전개하고 있는 것이다. 대부분의 사회복지시설은 열악한 상황에 처해 있는 경우가 많다. 그래서 그곳의 시설을 개선하거나 현대화하는 것에 중점을 두는데, 나름대로 비전을 가지고 장기적으로 추진하고 있다.

사회공헌활동을 위한 기금은 매칭 그랜트matching grant 방식을 채택하고 있으며, 구성원이 모금한 기부금만큼 회사에서도 후원금을 낸다. 3년 전부터는 구성원이 1을 내면 회사에서 2를 내는 방식으로 바꾸었다. 또 사회공헌을 의무로 규정하는 근로계약서에 동의를 해야 우리 회사에 입사할 수 있다.

천국 같은 직장, 천국 같은 성과

'직장인의 천국을 구현하는 한미파슨스.'

이는 우리가 새로운 구성원을 뽑을 때 쓰는 헤드 카피의 문구이다. 이 표현이야말로 우리 회사가 궁극적으로 지향하는 바를 나타낸 것이라 할 수 있다. 여기서 중요한 것은 한미파슨스는 기업이고 기업은 성과가 있어야 하는데, '직장인의 천국'이라는 말은 천국 같은 환경에서 근무하되 천국 같은 성과도 따라야 함을 의미한다. 다시 말하면 회사는 구성원에게 천국 같은 근무환경을 조성해주고, 구성원은 천국 같은 성과를 내는 것이 가장 이상적인 회사의 모델이라는 뜻이다.

앞에서 GWP 운동은 성과창출 운동이라고 했다. 회사생활을 재미있게 하는 것도 중요하지만, 결국 기업은 성과를 창출해야 하기 때문이다. 아무리 기업을 폼 나게 운영한다고 해도 성과를 제대로 내지 못한다면 기업은 존재할 수 없다.

과거 미국 경제의 상징이었던 GMGeneral Motors은 지금 회사가 완전히 헐값이 되었다. 회사를 공짜로 준다고 해도 인수할 사람이 없을 정도로 말이다. 만약 현대자동차를 팔면 그 돈으로 지금의 GM 같은 기업 5개는 살 수 있을 것이다. 그런 회사가 되어서는 곤란하다.

GWP 운동의 취지는 구성원이 단합해서 좋은 기업문화를 만들고, 그것을 바탕으로 훌륭한 성과를 내자는 데 있다. GWP의 정도를 평가하는 신뢰경영지수 TI Trust Index가 있는데, 우리 회사의 경우 100점 만점에 83점 정도 된다. 이 정도 점수면 〈포천〉에서 발표하는 100대 기업의 평균 수준에 이르는 것이다. 신뢰경영지수의 각 부문별 점수도 계속 향상되고 있어, 좀더 지나면 그들과 어깨를 나란히 하는 기업문화를 가진 한미파슨스를 볼 수 있을 것이다.

GWP 평가에서 특히 우리 회사의 구성원에게서 높게 나타나는 것이 자부심인데, 그런 결과가 나타나는 것은 바로 사회공헌활동 때문이다. 사실 이런 활동은 본인이 하고 싶어도 쉽게 하기 어려운 일인 만큼, 사회공헌활동의 체계를 갖추고 조직적으로 추진하는 회사에 다닌다는 것에 대해 우리 구성원들은 자부심을 가지고 있다. 우리 회사가 매달 네 번째 토요일에 실시하는 사회공헌활동에 가족과 함께 오는 경우도 많다.

GWP 운동의 성과로, 결과적으로 재무상태도 최근 몇 년간 급성장하고 있다. 매출이나 수익 면에서 볼 때 어려웠던 2008년에는 30퍼센트 정도 성장을 했고, 이전 2년간은 매년 50퍼센트씩 성장했다. 올해도 이에 준하는 성과를 올릴 것이라 기대한다.

앞에서 여러 번 설명했지만, GWP 운동은 조직문화운동이고 지속가능한 경영을 실현하기 위한 운동이다. 이런 운동의 기반은 구성원을 중시하겠다는 구성원 중심, 인재 중심의 조직문화운동이라고 볼 수 있다. 이 운동을 효과적으로 달성하기 위해서는 CEO의 지속적인 관심과 지원과 의지가 필요하다. 결국 CEO의 결단이 중요하다는 것이다. 일하기 좋은 일터는 구성원 중심, 인재 중심이라는 강력한 경영철학이 뒷받침되어야 하고, 성과창출에 기여하는 조직문화가 되어야 된다.

지금은 우리 회사의 조그만 사례에 불과하지만, 이런 사례가 많은 사람과 기업에 전파된다면, 직장인은 물론 기업에도 많은 도움이 될 것이다. 특히 노사문제를 개선하는 데 많은 도움이 되었으면 한다.

| 김종훈의 경영노트 |

1. 구성원이 행복한 직장을 만들자.
2. 노블리스 오블리주를 실천하자.
3. 잘 노는 사람이 일도 잘한다.

01_ 안식휴가제도나 가족지원사업은 독특한 아이디어라고 생각합니다. 회장님께서 그런 아이디어를 얻는 비결은 무엇인지 궁금합니다.

CEO와 구성원 모두 인간이므로 결국 생각하는 것은 같습니다. 내가 대접을 받고 싶으면 먼저 대접을 하라는 말처럼, 구성원의 입장에서 생각한다면 의외로 쉽게 정답을 찾을 수 있습니다. 내가 하고 싶다면 그들도 하고 싶겠지요. 바로 이런 배경에서 구성원을 위한 프로그램을 만든다고 할 수 있습니다.

그리고 중요한 것은 창의력입니다. 창의력은 경험에서 나오는 것이지요. 경험에는 직접경험과 간접경험이 있는데, 저는 둘 다 중요하다고 생각합니다. 그래서 저는 책을 많이 읽고 여행도 많이 합니다. 여행을 하면서 여러 가지 생각을 할 수 있기 때문에 해외 출장을 갈 때도 주로 혼자 갑니다. 외국에 가면 환경도 다르고 새로운 경험도 많이 할 수 있어 한국에서는 죽어라 풀리지 않던 일들이 풀리는 경우도 종종 있습니다. 그런 만큼 메모지를 많이 가져가서 생각나는 대로 메모를 하는데, 그게 실제로 창의적인 아이디어가 될 때도 많습니다. 어쨌든 직·간접 경험을 많이 하는 게 중요하고, 특히 독서의 중요성은 말씀 안 드려도 잘 알고 계실 것입니다. 여러분도 되도록 많이 읽고 많이 보려고 노력해보세요. 어느 순간 새로운 발견을 하게 될 수도 있습니다.

02_ 기업에서 잡 셰어링을 통해 일자리를 유지하는 방안을 추진하고 있지만, 상황이 악화되면 결국은 구조조정을 할 수밖에 없을 것이라고 생각합니다. 이런 경우 인사고과나 직무평가제도가 GWP 운동에 장애가 되는 경우도 있을 것 같은데요, 실질적으로 구조조정이 필요한 경우 GWP 운동을 추진하기 위해 필요한 것은 무엇인지 알고 싶습니다.

언론에 보도된 바와 같이, 우리 회사는 경영 상황이 어렵더라도 구조조정을 하지 않겠다고 선언했습니다. 우리의 이 약속은 '고통을 분담할 수 있어야 한다'는 뜻이기도 합니다. 아무리 어려운 시기라 해도 기회는 있습니다. 물론 사회 전체적으로는 어렵지만 그럴 때일수록 빛을 발휘하는 조직도 있기 마련이니, 우리가 좀더 똘똘 뭉쳐서 어려움을 슬기롭게 극복하자는 것이지요. 자기가 맡은 역할을 충실히 하고 다른 때보다 더 노력을 하자, 우리 모두 기본적으로 이렇게 생각하고 있기 때문에 구조조정은 생각을 하지 않는 것입니다.

또 국내에서는 다소 주춤했지만 해외에서는 비교적 좋은 성과를 내고 있어 이 어려움을 충분히 극복할 수 있다고 생각합니다. 중요한 것은 약속을 지키는 것입니다. 기업이든 개인이든 약속을 지켜야 합니다. 상황이 좀 나빠졌다고 해서 내가 언제 그런 이야기를 했나, 내가 언제 그랬냐 하고 돌변하는 기업이 되어서는 곤란하겠지요.

03_ 시드니의 오페라하우스나 두바이의 버즈 알 아랍 같은 세계적인 건축물은 많은 관광객을 불러모으는 훌륭한 관광자원이 되고 있습니다. 그런데 아쉽게도 한국에는 그런 세계적인 건축물이 없는데요, 여기에 대해 회장님께서는 어떻게 생각하십니까? 더불어 개선방법에는 어떤 것이 있는지도 말씀해주십시오.

건축은 시대상을 반영한다는 말이 있습니다. 즉 건축은 그 시대를 뛰어넘지 못합니다. 우리는 지난 40~50년 동안 산업화 과정을 거치면서 너무도 급히 성장해왔기 때문에 뒤를 돌아볼 여유를 갖지 못했습니다. 도시의 미관이라든가 도시의 경쟁력이라든가 건물의 경쟁력 등을 돌아볼 여유가 전혀 없었지요. 또 도시개발을 담당했던 행정책임자도 100~200년의 중장기 계획을 세우고 일을 추진하지 않았을뿐더러 기술을 뒷받침하는 건설인 역시 그런 생각을 하지 못했습니다. 하지만 이것은 이미 지난 이야기입니다. 다만 우리 모두의 책임이라는 것을 잊지 말고 이제부터라도 경쟁력이 있고 세계적인 랜드마크가 될 수 있는 훌륭하고 아름다운 건축물, 도시를 만들어가는 노력을 해야 할 것입니다. 모든 창조가 하루아침에 이루어지지 않듯, 그러다보면 언젠가 우리도 세계적인 건축물을 만들어낼 수 있겠지요.

PART · 2

변화와 혁신 경영

즐거운 이노베이션을 일으켜라

기업 혁신을 일으키는 아홉 가지 정신

이원진(李源鎭, Won Jin Lee) 구글코리아 대표이사

1991 LG전자 위성사업부 연구원

2000 미국 아이투테크놀로지 본사 CEO 전략팀 부사장

2003 한국 매크로미디어 대표이사

2005 한국 어도비시스템즈 대표이사

2007 구글코리아 대표이사

"사랑하는 어머니의
　빠른 회복을 기원하며……"

인터넷 강국 한국을 리드하는 젊은 경영인

이원진 대표는 전 세계 인터넷 검색시장의 절반 이상을 차지하는 구글이 IT 강국 한국에 출사표를 던지며 선택한 CEO이다. 인터넷 분야의 최고 글로벌 기업 구글이 마흔을 갓 넘긴 이 젊은 경영인을 주목한 이유는, 그가 한국 어도비시스템즈의 지속적인 성장을 이끌어냈을 뿐만 아니라 어도비와 매크로미디어의 합병을 성공적으로 마무리한 공로를 높이 샀기 때문이다. 그는 국내 IT 산업 분야에서 가장 영향력 있는 100대 최고경영자로 뽑히기도 했다. 젊은 경영인, CEO 이원진의 행보가 더욱 기대된다.

이노베이션은 크고 어려운 일을 헤쳐나가게 하는 진정한 힘

'모두가 편리하게 사용하는 인터넷 세상.' CEO 이원진이 꿈꾸는 세상이다. 이 꿈을 이루기 위해 그가 선택한 카드는 바로 '상생의 에코 시스템'이다. 협업과 공유를 통해 구글뿐만 아니라 다양한 파트너사, 개발자, 그리고 사용자 모두 원 윈 할 수 있는 건강한 웹 생태계를 조성하자는 전략이다. 상식을 깬 창조정신, 진정한 변화와 발전을 이끄는 이노베이션의 중심에 CEO 이원진이 있다. 그는 "이노베이션은 크고 어려운 일을 헤쳐나가게 하는 진정한 힘"이라고 힘주어 말한다. 그 유쾌한 이노베이션의 현장 속으로 여행을 떠나보자.

마흔을 갓 넘긴 젊은 CEO 이원진. 세계 최대의 검색 서비스 기업이 IT 강국 한국에 출사표를 던지며 선택한 숨은 히어로이다. 당시 업계의 스포트라이트를 한몸에 받았던 그는 디지털 시대의 거대한 실험실 한국에서 가장 흥미롭고도 도전적인 인터넷 프로젝트를 선보이기 위해 오늘도 고심 중이다.

그는 도전적이지만 결코 쉽지 않은 이 프로젝트를 수행할 수 있는 가장 강력한 원동력으로 이노베이션에 주목한다. 글로벌 인터넷 기업 구글이 가장 신경 쓰는 부분도 바로 이노베이션이다. 구글이 세계 일류기업을 유지할 수 있는 강력한 전략으로 선택한 이노베이션, 그리고 그 구체적인 전술로 실천하고 있는 '기업 혁신을 위한 아홉 가지 정신'은 어떤 것일까?

구글Google은 이노베이션innovation에 관심이 많은 회사이다. 지금부터 우리 회사가 이노베이션을 어떻게 끌어내고 있는지에 대해 이야기하려고 한다.

일전에 인터넷에서 어떤 아이의 그림을 본 적이 있는데, 우주에 가는 것을 그린 그림이었다. 그런데 재미있는 것은 그 아이가 그림 위에 삐뚤삐뚤하게 써놓은 다음과 같은 글이었다.

'저는 우주를 보고 싶지만 전 못 갑니다. 왜냐하면 영어도 가야 되고, 피아노도 가야 되고, 미술도 가야 되고, 그리고 우주선도 없고 그래서 못 갑니다.'

이 아이의 우주에 가지 못하는 소감이 어떤가? 재미있지 않은가? 나는 그 글을 보는 순간 초등학교에 다니는 우리 딸들하고 주고받는 말같이 느껴졌다. 딸들하고 이야기를 하다보면 이런 말들을 많이 듣게 된다.

그 글을 보면서 이런 생각도 들었다. 왜 대부분의 사람들은 우주에 가는 것 자체가 불가능하다고만 생각하지, 왜 못 가는지 그 이유는 생각하지 못하는 것일까?

그런데 이 아이는 우주에 갈 수 있다는 가능성을 활짝 열어놓고 있다. 그렇기 때문에 자신이 우주에 가려고 했을 때 어떤 어려움이 있는지, 즉 어떤 장벽들이 있는지를 속으로 생각하고 있는 것이다.

이노베이션은 어렵고 큰일을 헤쳐나가게 하는 힘

그렇다면 이 장벽은 일을 못하게 막기만 하는 암초일까? 나는 오히려 반대로 생각한다. 우리 회사에서는 장벽을 좋은 것으로 인식한다. 장벽이 있음을 인식했다는 것은 그다음에는 장벽을 어떻게 넘을지에 대한 고민이 시작된다는 이야기이기 때문에 더 발전할 수 있는 기회인 것이다.

이 장벽이 높으면 높을수록 크면 클수록 더 많은 고민을 할 것이다. 그 과정에서 혼자 힘으로는 감당하기 어려워 다른 사람의 도움을 필요로 할 수도 있다. 장벽이 험하고 넘기 어려울수록 이노베이션도 강도가 더욱 세어지고 광범위하게 일어나야 한다. 이노베이션이라는 것 자체가 이런 크고 어려운 일들을 헤쳐나갈 수 있는 힘으로, 넘기 힘든 장벽을 즐기게 만들어준다.

여러분도 다 아시겠지만, '이노베이션'은 경제학자 슘페터가 주장한 개념으로 '기업가가 생산을 확대하기 위해 생산요소를 재편성 혹은 새로운 생산요소를 도입하는 행위'를 말한다. 하지만 이노베이션, 즉 혁신이라는 것 자체를 하나의 공식으로 나타낼 수 있는 것은 아니다.

여기서 우리가 짚어보아야 할 것은 이 이노베이션을 일어날 수 있게 만들어주는 환경은 무엇이고, 이노베이션이 잘 일어날 수 있도록 갖추어야 할 제도에는 어떤 것이 있는지 하는 것들이다.

구글은 설립된 지 10년가량 되었는데 그동안 발전을 거듭해왔다. 그 과정에서 수많은 이노베이션을 일으켰으며, 많은 사람들로부터 '독특하고 새롭다'는 평가를 받았다.

물론 우리 회사의 이노베이션이 어느 날 갑자기 일어난 것은 아니다. 혁신은 말 그대로 쉽게 일어날 수 있는 성질의 것도 아니고, 잘 알다시피 변화에 맞서는 저항도 만만치 않다. 우리는 회사 내에서 이노베이션을 일으키기 위해 죽을힘을 다해 싸웠고, 공감을 얻기까지 꽤 오랜 시간 동안 많은 공을 들여야 했다.

이러한 혁신을 위한 꾸준한 열정과 노력으로 새로운 것을 추구할 수 있는 제도와 문화를 키울 수 있었고, 그 결과 오늘날 구글의 기업문화로 자리잡을 수 있게 되었다.

모두가 편리하게 사용하는 인터넷 세상

그래서 이노베이션을 이야기할 때 우리 회사 이야기를 먼저 하지 않을 수 없다. 구글의 미션은 전 세계의 정보를 체계화해서 누구나 편리하게 이용할 수 있도록 하는 것이다. 이 미션에는 여러 가지 뜻이 담겨 있다. 모든 정보라는 것은 단순히 웹사이트만 말하는 것은 아니다. 그것은 영상이 될 수도 있고, 아직 디지털화되지 않은 한 권의 책이 될 수도 있다. 모든 매체라는 것 역시 단순히 인터넷뿐만이 아니라 모바일이 될 수도 있고, 우리가 모르는 또 다른 제3의 매체가 될 수도 있다.

구글은 이토록 커다란 뜻을 품고 만든 회사이다. 그러다보니까 우리 회사가 무슨 일을 하는 회사인지 여러 가지 해석을 내놓고 있다. 우리는 구글의 미션을 구체적으로 정리해서 구글은 첫 번째로 '검색Search', 두 번째로 '광고Ads', 세 번째로 '애플리케이션Application'을 하는 회사라고 설명한다. 한 가지 더 추가하면 '기술을 보유한 회사', 흔히 이야기하는 '테크놀로지 회사'라고 말할 수 있다.

좋은 검색엔진을 만드는 네 가지 축

우리 회사가 네 가지 일을 하는 회사라고 설명했지만 여러분은 구글 하면 가장 먼저 '검색'을 떠올릴 것이다. 검색은 사실 상당히 복잡하고 까다로운 문제이다. 이 어려운 문제를 풀기 위해서는 엄청나게 많은 이노베이션을 필요로 한다. 나는 이노베이션을 거치지 않은 기술은 좋은 결과를 낳지 못하는 반면 이노베이션으로 탄생한 기술은 다시 좋은 검색엔진을 만든다고 확신한다. 좋은 검색엔진을 만들기 위해서는 크게 다음 네 가지 축을 갖추어야 한다.

좋은 검색엔진의 첫 번째 조건은 '방대한 정보의 양comprehensiveness'이다. 이것은 무슨 의미일까? 웹사이트를 많이 가지고 있으면서 프로그래밍을 많이 해야 한다는 말일까? 물론 웹사이트가 많은 것도 중요하겠지만, 웹사이트 수가 곧 정보의 양을 말하는 것은 아니다. 이 두 가지가 일치할 때도 있지만 엄밀히 말해서 양의 문제가 아니라 질의 문제로, 우리가 필요로 하는 정보라면 그 모든 정보를 갖추고 있어야 한다는 의미이다. 이를테면 '가수 박진영'에 대한 정보를 찾는다고 하자. 우리가 찾고 있는 정보 자체가 박진영의 소식을 전해주는 웹사이트가 아니라, 박진영이 노래하는 장면을 담은 동영상이 될 수도 있고 또 다른 것이 될 수도 있다. 좋은 검색엔진은 이처럼 사용자들이 원하는 수요의 정보를 포괄적으로 다 가지고 있어야 한다.

좋은 검색엔진의 두 번째 조건은 사용자가 원하는 정보와의 '관련성relevance'이다. 쉽게 풀이하면 사용자가 무엇을 물어보면 대처하는 데 그치지 않고 사용자가 도대체 무슨 생각을 하고 있는가를 이해하는 것이다.

영어의 예를 하나 들어보겠다. 'apples'를 검색한다면 우선 'apples'라는 단어를 검색창에 칠 것이다. 이때 사용자가 찾고 있는 정보는 과일과 관련된 것으로 과일과 관련된 웹사이트를 끌어올 수 있다. 하지만 's'를 빼고 'apple'이란 단어를 검색창에 치면, 사용자가 원하는 정보는 똑같은 과일일까? 그럴 수도 있겠지만 컴퓨터 회사, 애플 사의 제품들을 원하는 경우가 훨씬 많다. 이처럼 검색이라는 기술은 기술적인 측면뿐만 아니라 사용자의 생각을 이해할 수 있는 메커니즘을 필요로 하기에 더 어렵다.

좋은 검색엔진의 세 번째 조건은 속도speed이다. 우리나라 사람들은 성격이 매우 급하다고 한다. 그런데 인터넷을 사용하는 패턴을 유심히 살펴보면 우리나라 사람들만 성격이 급한 것은 아니다. 어느 나라 사람이건 사람들은 자신이 원하는 정보를 지금 당장 찾기를 원한다. 그러니 검색엔진이 검색의 결과를 전달하기까지 오랜 시간이 걸린다면 사용자들은 그 검색엔진 사용을 중단하거나 더 빠른 다른 검색엔진을 찾을 것이다. 실제로 인터넷 검색 속도가 0.2초 늦으면 사용자가 15퍼센트 감소한다는 연구결과도 나와 있다.

좋은 검색엔진의 네 번째 조건은 '사용자 편리성user experience'이다. 나는 이 부분이 앞의 세 가지 조건보다 훨씬 중요하다고 생각한다. 검색은 단순히 원하는 정보를 정확 신속하게 전달하는 것에

| 좋은 검색엔진을 만드는 네 가지 축 |

방대한 양의 정보 comprehensiveness	관련성 relevance	속도 speed	사용자 편리성 user experience

그쳐서는 차별화되지 않는다. 엔지니어로서 검색은 단순히 기술적인 문제가 아니라는 생각이 많이 든다. 사용자들이 유쾌하고 기분 좋게 검색을 즐길 수 있게 만들어주어야 한다. 따라서 어떻게 하면 사용자 편리성을 만족스럽게 해줄 수 있는지가 매우 중요한 부분이다.

즐거운 이노베이션을 일으키는 아홉 가지 정신

결국 우리 회사에서 가장 중요한 기술이라고 할 수 있는 검색에 대해 나는 다음과 같은 결론에 다다랐다. '검색은 단순히 기술이 아니라 철학이다.' 앞서 말했듯이 신속 정확한 검색에 그치지 않고 유쾌한 검색, 즐거운 검색, 우울했다가도 다시 기분 좋아지게 만드는 검색을 어떻게 만들 수 있을까? 그래서 검색은 기술이 아니라 철학이라는 생각에 이른 것이다.

그렇다면 이 어려운 문제를 어떤 방법으로 풀 수 있을까? 얼마나 대단한 창조정신을 발휘해야 남들이 생각하지 못한 혁명적 창조를 이끌어낼 수 있을까? 앞서 우리가 문제의 장벽에 봉착할 때 그 문제를 해결할 수 있는 근본적 힘이 이노베이션이라고 강조했다. 이제 본격적으로 이노베이션을 일으키는 아홉 가지 정신에 대해 이야기해보겠다.

끊임없이 쉬지 말고 이노베이션하라

이노베이션을 위한 첫 번째 정신은 '서두르지 말고 끊임없이 완벽을 향해 담금질하라Innovation, not instant perfection!'라는 것이다. 혁신은 하루아침에, 단번에 이루어지지 않는다. 단번에 완벽해지기를 원하는 것은 누구나 갖는 꿈이지만, 우리가 경험한 바로는 이노베이션이란 여러 단계를 거쳐 많은 사람들의 인풋을 받아 진행된다. 요술방망이로 딱 치면 뚝딱 이루어지는 마술이 아니라는 결론을 오래전에 내렸다.

우리 회사에서 하나의 완전한 제품을 내놓기 위해 어떤 과정을 거치는지 살펴보자. 우리는 제품을 개발할 때 구글랩스라는 프로그램을 쓰고 있다. 회사 구성원들이 어떤 제품에 대한 아이디어가 있으면 구글랩스에 글을 올린다. 이렇게 해서 내부적으로 많은 사람들의 인풋을 받는 것은 물론 외부적으로도 많은 인풋을 받는다. 결국 이 제품을 완성하는 사람은 개발자와 사용자 모두이고 이들이 공동 개발자가 되는 것이다.

여러 차례의 경험을 통해 절실하게 느낀 것은 1명이 고민하는 것보다는 10명이 고민했을 때 더 좋은 답이 나올 수 있고, 10명이 고민하는 것보다는 1,000명이 고민했을 때 좀더 좋은 답이 나올 수 있다는 것이다.

여러분이 우리 회사 제품을 쓰다가 제품에 베타beta 표시가 붙은 것을 본 적이 있을 것이다. 우리는 완성품을 내놓는 경우는 거의 없다. 사실 완성품을 내놓는 것이 시간 낭비일 수 있다는 생각을 한다. 왜냐하면 더 많은 사람의 의견을 반영할수록, 수정과 피드백을 반복할수록 완벽에 조금씩 가까워질 수 있기 때문이다. 따라서 우리는 제품이 어느 정도 준비가 되었을 때 빨리 출시를 해서 사용자의 피드백을 받는 것이 오히려 더 완벽한 제품을 만들어낼 수 있는 가장 좋은 방법이라고 생각한다. 다시 말해 베타 제품을 미리 출시하고 사용자들로부터 피드백을 받아 제품을 개선해나가는 방식이다.

지메일의 예를 들어보겠다. 2004년에 지메일은 1기가의 저장용량을 제공했다. 그 당시 다른 업체들은 전혀 생각하지 못한 것으로 매우 획기적이라는 이야기를 들었다. 그때 나왔던 제품은 베타 버전이 출시된 상태였는데, 사용자들이 계속해서 유용한 피드백을 보내와 3년 이상 베타로 서비스를 제공했다. 이 제품에 대한 이노베이션은 구글 내에서 나오는 것이라기보다는 사용자를 통해서 얻는 것이 훨씬 많을 것이라는 점을 알기 때문에 우리는 결코 서두르지 않았던 것이다.

공유할 수 있는 모든 것을 공유하라

이노베이션을 위한 두 번째 정신은 '공유할 수 있는 모든 것을 공유하라Share everything you can!' 라는 것이다. 이론적으로는 매우 좋은 이야기이지만, 모든 것을 공유하려면 여러 가지 기반을 필요로 하는 경우가 많다. 정보를 최대한 많이 제대로 공유하기 위해서 구글에서는 큰 팀을 잘 운영하지 않는다. 제품을 개발한다고 하면,

다른 회사에서는 이 프로젝트에 100명이 참가하느니 1,000명이 참가하느니 하는 이야기를 한다. 하지만 구글에서는 100명, 500명, 1,000명이 참가하는 큰 규모의 프로젝트는 아예 진행하지 않는다. 우리는 프로젝트를 진행하더라도 적게는 5명에서 많게는 10명가량이 팀을 꾸려 움직인다. 그렇게 하는 것이 여러 가지 아이디어를 손쉽게 가져와 이노베이션을 일으키기 훨씬 좋다고 생각하기 때문이다.

어떤 한 아이디어에 많은 사람이 투입된다고 해서 그것이 더 좋은 아이디어로 발전한다고는 생각하지 않는다.

따라서 우리는 하나의 일을 여러 사람이 나누어서 하는 방식으로 진행한다. 이는 또한 많은 일을 동시에 할 수 있다는 이야기이기도 하다. 그러다보면 정보의 공유도 그만큼 원활해지고, 이 작은 팀들은 각기 자기가 하고 싶은 일을 하게 된다.

그렇다면 어떻게 하면 이들이 다 같이 협력할 수 있게 하고, 정보들을 잘 취합하게 할 수 있을까? 가장 중요한 것은 얼마나 투명한가하는 것이다. 같은 목표를 위해 협력하고 서로가 좋은 영향을 주고받기 위해서는 숨기는 것이 없어야 한다.

그래서 우리 회사에서는 개개인이 또는 팀들이 어떤 목표를 가지고 일을 하는지 전 직원이 볼 수 있게 해놓았다. 우리 회사의 웹사이트에 가보면 전 직원이 자신의 보스나 옆 팀에서 어떤 일을 하고 있는지를 알 수 있다. 그리고 이 사람들이 서로 보완하고 협력을 이끌어내기 위해 같은 목표를 설정한다. 설령 설정한 목표가 다르더라도 이득을 취할 수 있는 연관관계를 만든다.

| 구글 캘린더 |

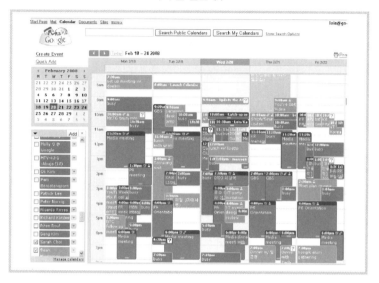

    실제로 구글 제품은 우리가 이러한 방식으로 일하는 데 많은 공헌을 하고 있다. 예를 들어 같이 일하는 동료와 일을 어떻게 진행할 것인가 회의를 하려 할 때, 우리 회사에서는 구글 캘린더라는 제품을 쓰고 있다.

    구글 캘린더에 들어가면 전 직원의 스케줄이 한눈에 들어온다. 그리고 내가 새로운 프로젝트를 진행하는 데 있어 A라는 사람과 B라는 사람을 만나서 미팅을 해야 한다면, 구글 캘린더를 통해 A라는 사람의 시간과 B라는 사람의 시간, 그리고 내 시간이 언제가 좋은지 확인하여 가장 좋은 시간을 뽑아볼 수 있다. 이런 시스템을 구축한 궁극적 이유는 직원들이 미팅 시간을 잡느라 흘려보내는 시간 없이 실제로 미팅을 하면서 문제 해결에 집중하라는 것으로, 이제는 구글의 철칙으로 자리 잡았다.

때로는 같이 일을 한다 하더라도 굳이 회의를 할 필요가 없다. 웹오피스 제품인 구글 문서도구를 이용하면 실시간 공동작업이 가능하기 때문이다. 여러 명이 동시에 문서에 접속해 편집을 하고, 페이지 우측 채팅창을 이용해 대화를 나누면서 작업할 수 있다. 문서를 첨부한 이메일을 주고받는 번거로움도 없고, 한 번에 편집을 할 수 있어 매우 효율적이다.

사실 공유에 대한 이야기를 하면서, 내부 공유뿐만 아니라 외부 공유에 대한 이야기도 하지 않을 수 없다. 우리 회사에서는 어떤 제품을 개발하더라도 그 제품이 우리가 운영하는 서비스에만 적용될 수 있는 것은 개발하지 않는다. 이것은 오픈 시스템에 관련된 이야기이다. 우리가 모든 것을 공유하고 오픈한다고 했을 때는 오픈 대상 자체가 회사뿐만 아니라 우리가 네트워크를 가지고 있는 회사 밖의 파트너들도 하나로 본다는 의미이다. 다시 말해 오픈 시스템으로 외부 파트너와 정보를 공유함으로써 시너지 효과를 꾀하고자 한다.

현명한 인재를 알아보고 고용하라

이노베이션을 위한 세 번째 정신은 '현명한 인재를 알아보고 고용하라You're brilliant, we're hiring!'라는 것이다. 오픈되어 있는 환경, 기동성 있게 움직이는 작은 팀들, 이렇게 수평적인 조직 시스템 내에서는 무엇보다 일을 잘하는 사람이 필요하다. 그렇다면 어떻게 인재를 찾을 수 있을까? 우리 회사는 적합한 사람을 구하기 위해 인터뷰를 중시하는데, 인터뷰 프로세스 자체가 다른 회사와는 많이 다르다.

보통은 매니저가 자신이 고용할 사람을 인터뷰하는데, 우리 회사에서는 위에서 아래로 뽑는 하향식 인터뷰만 하지는 않는다. 만약 내가 사람을 뽑는다고 했을 때는 물론 나도 인터뷰를 하지만, 다른 나라의 구글 지사에서 하기도 하고 다른 팀에서 할 수도 있다는 말이다. 또 그 아래에서 일하게 될 사람, 동료로 일하게 될 사람의 피드백을 종합적으로 검토해서 고용을 결정하게 된다. 이렇게 미래의 동료 또는 타 부서 팀원들의 의견을 반영하여 인적 네트워킹을 예상하는 것이다.

그리고 우리 회사에서는 고용위원회라는 것을 운영하고 있다. 고용위원회는 신입사원 선발시 구글의 전 세계 고위급 임원들이 함께 참여하는 시스템으로, 우리 회사 CEO뿐만 아니라 창업자들까지 다 포함되어 있는 일종의 임원 보드이다. 이분들은 지금까지도 전 세계 구글에서 뽑는 모든 사람들의 이력서와 경력사항을 일일이 검토하고 있다. 어떻게 보면 참 유별나 보인다. 대부분의 회사들은 규모가 커지면 임원들이 사람을 뽑는 일에서는 멀어지기 마련이다. 회사가 커진 만큼 고민해야 할 일들이 산적해 있고, 그 일들이 사람을 뽑는 것보다 훨씬 더 중요하고 급하다고 생각하기 때문이다.

하지만 우리 회사는 다르다. 우리가 처음 몇 명 안 되는 작은 회사였을 때는 그들이 회사의 모든 결정을 했다. 하지만 이제는 약 2만 명 정도의 조직이 되었기 때문에 그들이 모든 결정을 직접 할 수가 없다. 따라서 내가 해야 할 일을 대신 해줄 수 있는 사람을 뽑는 것이 회사의 그 어떤 일보다 중요하다고 생각하는 것이다.

꿈을 좇아라

이노베이션을 위한 네 번째 정신은 '꿈을 좇아라A license to pursue dream!'라는 것이다. 이 말은 007 영화에나 나올 법한 살인 면허 license to kill 같은 것이 아니다. 그러니까 여러분이 꿈을 갖고 있다면 그 꿈을 좇아가고 이룰 수 있도록 아낌없는 지원해주는 것이 우리 회사가 할 일이라고 생각한다.

다른 회사에서도 아마 똑같은 이야기를 많이 할 것이다. 하고 싶은 것만 해라, 좋은 일만 한번 해봐라. 말은 쉽지만 데드라인에 맞춰 허겁지겁 움직이는 현실에서 그것은 쉽지 않다. 여러분도 학교 다닐 때 숙제를 해봐서 알겠지만, 마감 일정에 맞추려다보면 꿈은 저절로 뒷전일 수밖에 없다. 이때 회사에서 자신이 원하는 꿈을 계속 좇아갈 수 있도록 제도를 만들어준다면, 지금 당장 급한 일 때문에 자신의 꿈을 깨는 일은 없을 것이다.

이 문제를 해결하기 위해 고안해낸 것이 '70/20/10'이라는 모델이다. '70'이란 내 시간을 100이라고 했을 때, 70의 시간은 나한테 가장 핵심 역량이 되는 부분에 쏟으라는 의미이다. '20'은 그 핵심

역량에 도움을 주어 더 좋게 만들 수 있는 다른 영역의 일을 하라는 의미이며, '10'은 그것과는 전혀 상관없는 다른 일을 해보라는 것이다.

우리가 이 프로젝트를 과감히 추진할 수 있는 것은 자신이 정말 하고 싶은 일을 했을 때 어떤 결과가 나오는지를 이미 보았기 때문이다. 우리 회사에서는 지금까지 꽤 많은 제품들을 출시했다. 그런데 이 제품들의 대다수는 이 20프로의 프로젝트, 10프로의 프

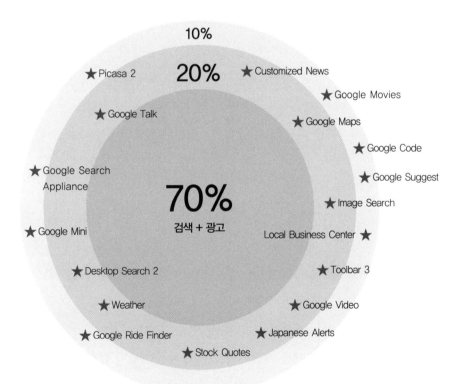

| 70 / 20 / 10 모델 |

10%

20%

★ Picasa 2

★ Customized News

★ Google Movies

★ Google Talk

★ Google Maps

★ Google Code

★ Google Search Appliance

★ Google Suggest

70%
검색 + 광고

★ Image Search

★ Google Mini

Local Business Center ★

★ Desktop Search 2

★ Toolbar 3

★ Weather

★ Google Video

★ Google Ride Finder

★ Japanese Alerts

★ Stock Quotes

로젝트에서 아이디어를 얻어 실현된 결과물이다. 다시 말해 회사에서 만들라고 해서 만든 제품이 아니라 직원들이 만들고 싶어서, 필요하다고 생각해서 만든 제품들이 결국 사용자들이 원하는 제품들이었다는 말이다.

아이디어는 어디서나 얻을 수 있다

이노베이션을 위한 다섯 번째 정신은 '아이디어는 어디서나 얻을 수 있다Ideas come from everywhere!' 라는 것이다. 나는 틈날 때마다 직원들에게 커뮤니케이션을 많이 하라고 주문하는데 바로 이러한 맥락에서이다. 아이디어는 쥐어짠다고 해서 나오는 게 아니다. 스스로 여기저기서 자극을 받고 영감을 받았을 때 비로소 구체적인 아이디어를 떠올릴 수 있다. 그 영감은 동료한테서 나올 수도 있고, 외부에 있는 다른 파트너와 커뮤니케이션하는 가운데 나올 수도 있다.

우리 회사에서 나오는 제품 중에는 흔히 말하는 '인수acquisitions'를 통해 나온 제품들도 있다. 그런데 우리의 인수방식은 제품 자체를 얻으려는 데 목적이 있는 것이 아니며 실제로 제품 자체를 인수받아 그대로 상품화하지도 않는다. 인수의 궁극적 목적은 그 회사가 가지고 있는 참신한 아이디어를 얻는 것이다.

또한 여러 제품 개발팀이 있어도 제품 개발에 대한 아이디어가 반드시 그 팀에서만 나온다는 법은 없다. 우리 회사에 있는 어느

팀의 그 누구라도 어떤 제품을 만드는 게 좋겠다고 하면, 그것을 아이디어로 바로 제안할 수가 있다. 그리고 그 아이디어에 대한 정당한 평가를 받아서 해당 제품을 개발할 것인지를 결정한다.

술수를 부리지 말고 데이터를 활용하라

이노베이션을 위한 여섯 번째 정신은 '술수를 부리지 말고 데이터를 활용하라Don't politic, use data.'라는 것이다.

지금까지 이야기했던 것을 다시 정리해보면 다음과 같다.

우선, 우리 회사는 작은 팀들을 많이 운영하고 있다. 2만여 명의 직원들이 3명 또는 10명의 조직으로 나뉘어 각 팀별로 자신의 일을 하는 구조이다. 두 번째로 우리 회사는 수평적인 조직이다. 절대로 위에서 무엇을 하라고 이야기하는 사람이 없다. 다들 스스로 알아서 창의적으로 일을 하고 있다. 마지막으로 각각의 팀들이 어떤 목표를 가지고 일을 하는지, 진행은 어느 정도 되고 있는지 다 알 수 있도록 정보를 공유하고 있다.

이 세 가지만 놓고 본다면 우리 회사가 요령 피워가며 일하려면 충분히 그럴 수 있겠다는 생각이 든다. 왜냐하면 위에서 뭐라고 이야기하는 사람도 없고, 다른 사람들이 무엇을 원하는지 다 알 수 있으며, 내가 하고 싶은 대로 일을 할 수 있으니까. 이런 조건하에서라면 얼마든지 요령을 피울 수 있지 않겠는가.

하지만 이것은 이노베이션과는 가장 거리가 멀다. 그렇기 때문

에 이런 이상적인 작업환경을 만드는 데 그쳐서는 안 되고, 우리
가 어떻게 협력해서 생산성을 높이면서 일을 할 수 있을지를 곰곰
이 생각하지 않을 수 없다. 결론부터 말하면 가장 좋은 방법은 같
은 아이디어에 대해서 이야기를 나눌 때, 목소리가 큰 사람 또는
지위가 높은 사람이 이기는 체제보다 항상 사실을 가지고, 다시
말해서 데이터를 가지고 이야기할 수 있는 환경을 만들어주는 데
핵심이 있다.

내가 이 회사에 온 지 10개월가량 되었을 때, 본사 임원들한테
발표할 기회가 있었는데 실수를 했다. 아마 여러분도 이런 실수를
할 것이라 보는데, 소위 높은 분들한테 발표를 할 때는 바쁜 분들
인 만큼 자세한 사항을 말하기보다는 요점만 이야기해야 한다는
생각이 가득했다. 그래서 흔히 하던 습관대로 '대부분'이라는 말
을 많이 썼다. 그러니까 대부분의 사람들이 이러한 것을 원한다는
식으로 이야기를 한 것이다. 그러자 임원 한 분이 우리 회사에서
는 '대부분'이라는 말을 쓰지 않는다, 정확하게 몇 명이냐고 되묻
는 것이었다.

우리가 어떤 아이디어를 제안하거나 결론을 이끌어내려고 사람
들과 커뮤니케이션을 할 때, '대부분'이라는 말을 쓰는 건 곤란하
다. 우리가 1만 명을 조사해보니까 7,535명이 이렇게 대답을 했기
때문에, 이렇게 말씀드릴 수 있겠다는 식으로 의견을 제시해야 한
다. 이것이 우리 회사가 추구하는 커뮤니케이션 방법이다. 지위
고하를 막론하고 구글의 직원이라면 정확한 데이터를 근거로 설
득할 줄 알아야 한다.

그렇게 되면 우리가 주장하는 모든 것이 사실을 바탕으로 이야기가 되고, 일단 결론이 내려지면 그 조직 내에서 아무리 압력이 가해져도 정확한 사실이나 팩트, 데이터를 근거로 올바른 결론을 유지할 수 있다.

그럼 이런 것들이 어떻게 가능할까? 지금 우리는 디지털 세계에서 살고 있다. 이 디지털 세계는 아날로그의 효율성까지 검증할 수 있는 발자국을 남긴다. 무슨 말이냐면 여러분이 인터넷을 쓰고 PC를 쓸 때면 마우스를 쓰고 키보드를 쓸 것이다. 이런 여러분의 행동이 데이터화된다. 그렇기 때문에 이제는 우리가 어떤 결정을 내릴 때는 데이터베이스화되어 있는 사용자의 패턴을 기초로 결정을 내린다.

그전에는 어땠을까? 이러한 것들이 가능하지 못했던 부분이 많

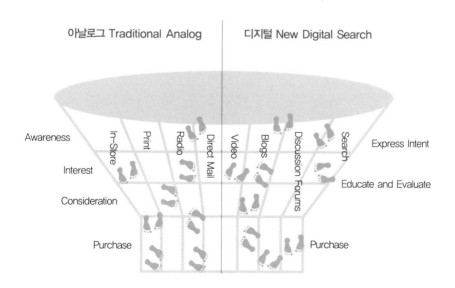

았다. 전통적인 미디어나 아날로그 세계에서는 TV 광고를 도대체 몇 명이 보았는지 정확히 알 수 있는 방법이 없었다. 서베이나 샘플링을 통해 몇 명이 보았는지를 예측했을 뿐이다. 그러나 디지털 세계로 발전하면서 이제는 디지털 세계 자체가 기존의 전통적인 미디어, 나아가 아날로그 세계까지도 체크할 수 있는 하나의 메커니즘이 되고 있다.

예를 들어 현대자동차가 TV에 광고를 했을 때 그 광고가 얼마만큼 효율적이었는지, 옛날에는 조사를 실시하고 샘플링을 통해서만 알 수 있었다. 하지만 이제는 광고가 나가고 5분 동안 인터넷에 그 차에 대한 검색이 얼마나 있었는지 비율로 바로 나타난다. 때문에 이제는 디지털을 통해서 아날로그에 대한 효율성까지도 관리할 수 있는 시대가 왔다는 이야기이다.

창의력은 제한이 있을 때 배가된다

이노베이션을 위한 일곱 번째 정신은 '제약이 창의력을 이끌어 낸다Creativity loves restraint!' 라는 것이다. 이 말 자체는 모순이고 난센스이다. 창의력과 제약조건은 도대체 어떤 관계가 있을까? 제약조건이 없어야 훨씬 더 창의적으로 생각하고 창의적인 제품을 만들어 낼 수 있지 않을까? 먼저 당연히 이런 생각이 들 것이다.

만약 여러분한테 두 가지 종이를 나누어준다고 가정해보자. 한 장은 백지이고 다른 한 장은 낙서가 되어 있는 것인데, 이 종이들을 나누어주고 호랑이를 그려보라고 한다. 백지를 받은 사람은 자신이 원하는 대로 호랑이를 그리면 된다. 하지만 낙서가 되어 있는 종이를 받은 사람은 어떻게 해야 할까? 그 낙서를 피해서 어떻게 호랑이를 잘 그릴지 고민하지 않을 수 없을 것이다. 쉽지 않은 일이라 어쩔 수 없이 창의력을 발휘해야 한다.

이를 회사에 적용해보면 이해하기 쉽다. 회사에서 어떤 프로젝트를 맡겼다고 해보자. 제약조건 없이 마음대로 할 수 있게 권한을 준 그룹과 제약조건을 주면서 자율에 맡긴 그룹이 있다면 결과는 어떨까? 지금까지 이노베이션을 하면서 자율적으로 일을 하라고 거듭 강조했다. 그런데 아무리 자율적으로 일을 하더라도 아무런 제약조건을 주지 않고 할 때와 제약조건이 있는 숙제를 주었을 때 나오는 결과는 후자가 더 성공적임을 경험했다. 우리의 생각과는 반대로 제약조건이 있을 때 훨씬 더 창의력 있는 결과물이 나오는 것이다.

검색을 예로 들어보겠다. 직원들에게 다음 두 가지 숙제를 내주었다. 첫 번째 숙제는 이 세상에서 가장 좋은 검색엔진을 만들어달라는 것이다. 두 번째 숙제는 검색엔진을 개발하면서 1990년대에 나온 펜티엄 컴퓨터에서 전화선을 가지고도 0.5초 내에 검색결과가 나올 수 있는 엔진을 만들어달라는 것이다. 그랬을 때 두 번째 숙제를 받은 사람들이 우리가 원하는 더 좋은 제품을 만들어낼 수 있는 확률이 높다.

돈보다 사용자를 우선 생각하라

이노베이션을 위한 여덟 번째 정신은 '돈보다 사용자를 우선 생각하라 Worry about usage and user, not money!'라는 것이다. 우리 회사에서는 이런 이야기를 많이 한다. 돈은 신경 쓰지 말고 사용자에 대해서만 신경을 써라. 왜냐하면 사용자는 모든 것의 시작이자 끝이기 때문이다. 물론 사용자는 절대로 그 해답을 알고 있지 못하다. 그렇지만 문제에 대해서는 그 누구보다 잘 알고 있는 사람이 바로 사용자이다. 가령 사용자가 만족했을 때는 그에 대한 솔루션이 있다고 말한다. 솔루션이 있어서 많은 사람들이 사용하고 그 과정에서 얻는 혜택이 있다면 그것을 가지고 돈을 벌 수 있는 방법은 그 다음에 생각해도 늦지 않다.

우리 회사에서 안드로이드라는 모바일 플랫폼이 나왔다. 이 제품은 우리가 몇 년간 투자해서 만들어 무료로 제공하는 오픈 플랫폼이다. 우리는 안드로이드를 통해 모바일 상의 데이터 서비스가 훨씬 활성화될 수 있을 것이라고 믿었고 실제로 그렇게 되고 있다. 그리고 그로 인한 혜택은 단순히 우리 회사뿐만 아니라 모바일 폰을 쓰고, 모바일 폰으로 사업을 하는 모든 사람들에게 돌아가고 있다.

그러면 왜 우리 회사에서 돈을 투자해서 개발한 것을 모든 사람들이 공짜로 쓸 수 있게 할까? 의아한 생각이 들겠지만, 그것이 남과 다른 구글의 정신이다. 우선은 사용자가 우리가 개발한 것을 좋아해야 한다. 이것이 활성화됐을 때는 우리뿐만 아니라 이 모바일 이코시스템 안에 있는 모든 사람을 하나의 사업으로 묶어가는 작업이 필요하다. 사용자가 좋아해주는 것이 먼저이고 수익화하는 작업은 그다음이다. 돈을 버는 것이, 사용자의 패턴 그리고 사용자가 제품을 더 편리하게 쓸 수 있는 것을 막는 하나의 제약조건이 되어서는 안 된다는 말이다.

실패한 프로젝트는 변형하면 된다

이노베이션을 위한 아홉 번째 정신은 '프로젝트를 포기하지 말라, 변형하면 된다Don't kill projects - morph them!'라는 것이다. 어쩌면 자랑같이 들릴지 모르겠지만, 우리 회사의 존재이유에 대해 이렇게 설명할 수 있겠다. 일 잘하고 좋은 아이디어가 샘솟듯 솟아나는 분들을 모셔서 창조적인 이노베이션을 일으킬 수 있는 작업환경을 만들어주고, 편안하게 일할 수 있도록 배려해주는 것이라고 말이다. 한 발 더 나아간다면 실패까지도 인정해주고 오히려 그 실패가 다시 성공을 도모할 수 있는 계기가 되는 열린 환경을 만들어주는 것이라고 말이다.

머리 좋은 사람이 늘 성공하는 것은 아니다. 그들에게 좋은 환경에서 귀찮게 하는 사람 없이 좋은 제품을 개발하라고 맡기면 분명 원하는 성과를 얻을 수 있다. 하지만 모든 제품이 시장에서 성공하는 것은 아니다. 그런데 여기서 놓치지 말아야 할 부분은 제품이 나빠서 성공을 못했다기보다는 그 제품의 출시 시기가 안 맞았을 수도 있고, 그 제품을 다른 분야에 적용시켰더라면 더 나은 결과를 가져왔을 수도 있다는 점이다.

그러므로 우리 회사에서는 직원들이 개발한 모든 제품에 대해서 '프로젝트를 죽인다, 파기한다'라는 개념이 없다. 오히려 실패한 제품을 어떻게 쓸모 있게 만들고 변환하여 전혀 다른 제품으로 만들 수 있는지를 회사가 함께 고민한다. 그 예로 수년 전에 출시했던 '프루글Froogle'이라는 제품이 있다. 프루글은 가격비교를 하는 사이트였는데 반응이 좋지 않아 사업을 접었다.

그런데 몇 년 뒤 사용자들이 원하는 UI를 붙이고, 가격비교가 아니라 제품비교에 포커스를 맞추어서 다시 내놓았다. 이제는 이 제품이 우리 회사에서 출시한 많은 제품 중에서 가장 많이 활용되는 제품으로 바뀐 것이다. 같은 기술을 가지고도 그 기술을 어떻게 적용하는가에 따라 결과가 어떻게 달라질 수 있는지를 보여주는 사례이다. 그러므로 제품의 실패를 지적하기보다는 그 제품을 어떻게 더 잘 활용할지에 대해 고민하는 문화를 키워가는 것이 얼마나 중요한지는 두말할 필요가 없다.

이노베이션의 세 가지 핵심

지금까지 이노베이션을 일으키는 아홉 가지 정신에 대해서 이야기했는데, 여러분이 좀더 잘 기억해주었으면 하는 바람에서 다시 한 번 정리를 해보겠다. 이것은 이노베이션, 다시 말해서 혁신을 가능하게 하는 핵심이라고 할 수 있다.

첫 번째, 혁신은 선택이 아니라 필수요건Innovation is the rule, not the exception이다. 우리가 사회생활을 할 때나 기업을 운영할 때나 혁신은 이제 하나의 경쟁력이자 꼭 갖추어야 할 필수요건이 되었다. 우리는 지금 얼마나 빠르게 변화하는 세상과 마주하고 있는가. 끊임없이 변신을 하고 참신한 혁신을 이루지 않고는 생존조차 힘들어질 수 있다. 혁신은 의식주와 같이 우리가 살아가는 데 없어서는 안 될 필수 생존조건임을 인식해야 한다.

둘째, 새로운 아이디어를 섣불리 판단해서 없애지 말라Identify it. foster it. don't silo it. and try not to kill it. 아이디어가 어딘가 부족한 것 같더라도 다른 사람들과 좀더 이야기를 나누고 그들의 의견을 받아들여 보라. 그러다보면 그 아이디어가 이노베이션될 수 있는 것이지, 처음부터 이노베이션이 일어나지 않는다는 사실을 여러분도 주위에서 많이 보고 느끼지 않는가.

셋째, 위험을 감수하라Risk acceptance is critical. 새로운 일을 하려면, 리스크는 당연히 따를 수밖에 없다. 다시 말해 리스크가 있기 때문에 '하면 안 된다'고 하는 문화보다는 리스크를 받아들일 각오가 되어 있는 문화에서 이노베이션을 창조할 수 있다.

| 이원진의 경영노트 |

결코 최고에 안주하지 말라. 사용자에 집중하면 나머지는 저절로 이루어진다.
Never settle for the best. Focus on the user and all else will follow.

01_ '구글리하다', 다시 말해 '구글스럽다' '구글답다'라는 표현이 있는데 어떤 뜻입니까? 그리고 대표님 자신은 어떤 경우에 '구글리하다'고 생각하시는지 말씀해주십시오.

구글리하다……? 우리가 어떤 특정한 인재상을 가지고 있는 것은 아닙니다. 때문에 공통적인 특징들을 뽑아서 '구글리하다'는 것을 설명하는 것이 가장 적합할 것 같습니다. 우선은 스마트, 즉 현명해야 합니다. 두 번째는 열정이 있어야 하고, 세 번째는 수평적인 조직 내에서도 다른 사람들과 협력할 수 있는 자세가 필요합니다. 또 그런 문화에서 일을 할 수 있는 사람을 우리는 구글리하다고 이야기하지요.

어쩌면 제가 어떨 때 구글리하고, 또 어떨 때 구글리하지 못하는지 말씀드리는 게 여러분에게 더 빨리 와닿을지도 모르겠습니다. 제가 이 회사에 온 지 3년 정도 되었는데, 첫날 출근했을 때 대학을 막 졸업한 친구가 제 방에 들어와서 "원진님 입사 축하합니다"라고 인사하는 거예요. 당시로서는 제가 구글리하지 못했기 때문에 상당히 적응하기가 힘들었지요.

구글은 이렇게 벽이 없는 회사입니다. 하지만 이제는 대표로서 직원들한테 '이 일을 해달라'고 이야기하기보다는 이메일을 통해 '내가 이 일을 꼭 처리해야 하는데, 바쁘신 줄 알지만 10프로 프로젝트로 이 일을 한번 해볼 사람 없겠느냐'라고 도움을 요청합니다. 이럴 때 제가 많이 구글리화됐구나 하는 것을 느낍니다.

02_ 대표의 입장에서 구성원들이 갖추었으면 하는 요소들이 있다면 말씀해주십시오.

우리 회사에도 보면 '저 사람은 정말 준비된 사람이구나' 하는 느낌이 주는 분들이 있습니다. 그중 한 분에게 '학창시절에 시간을 어떻게 썼기에 이렇게 많은 것을 준비할 수 있었느냐'고 물어본 적이 있습니다. 그랬더니 그분은 우리 구글의 70/20/10 개념으로 보았을 때, 70프로의 시간은 구글에서 이야기하는 대로 핵심 역량, 다시 말해서 학교 공부를 열심히 했다고 말합니다. 그리고 20프로의 시간은 자신이 다른 사람들과 경쟁했을 때 어떤 경쟁력을 가질 수 있을까를 생각해서, 공모전이나 인턴 같은 것에 신경을 썼다고 합니다. 그럼 이제 더 궁금해지는 것은 나머지 10프로에 대해서일 텐데요. 그 나머지 10프로는 술 마시면서 네트워킹하는 데 썼다고 하더라고요.

여담으로 들릴 수도 있겠지만, 지금 기업에서 원하는 사람은 단순히 현명한 사람보다는 조직 내에서 다른 사람들과 잘 협력해서 일할 수 있는사람, 즉 네트워킹 기술을 가진 사람입니다. 따라서 이런 맥락에서 생각한다면 공부를 하거나 업무를 하는 데 시간을 쏟는 것도 좋지만, 네트워킹에 좀더 많은 시간을 할애하는 게 더욱 유능한 사람이 되는 데 도움이 될 것입니다.

03_ 요즘 기업의 사회적인 책임에 대해서 많이 강조하고 있는데, 구글에서는 어떤 활동을 하고 있고 앞으로 어떤 활동을 계획하고 있는지 알고 싶습니다. 제품을 무료로 배포해서 실생활에서의 편의를 제공하는 것도 그 일환인지요?

물론 우리 회사도 그런 활동을 많이 하고 있습니다. 그런데 우리가 봉사활동을 하고, 사회에 도움을 주는 방식도 어떻게 보면 다른 회사랑 좀 다른 것 같습니다. 이를테면 큰 이슈가 되는 일을 하기보다는 사용자들이 필요로 하는 작은 요소요소에서 도움을 주자는 생각을 많이 하고 있거든요. 그러다보니까 한꺼번에 수십억을 내는 것보다는 언론의 주목은 덜 받지만 우리가 필요하다고 생각하는 일들을 조용히 하고 있습니다. 아마 여러분이 구글을 검색해보면 사회적으로 도움이 되는 일을 많이 하고 있다는 걸 알 수 있을 것입니다.

그리고 좀더 큰 프로젝트 차원에서 우리가 하고 있는 것이라면, 우리는 대체에너지에 많은 관심을 갖고 있습니다. 검색하는 회사인 구글과 대체에너지가 도대체 무슨 관계가 있는지 궁금하실 것입니다. 우리가 인터넷을 쓰고 컴퓨터를 사용하려면 서버를 돌려야 합니다. 서버는 전기로 돌아가지요. 서버가 많고 광대한 네트워크를 운영한다는 말은 곧 전기를 많이 사용한다는 이야기가 됩니다.

그런데 그만한 전기를 만들어내려면 그만큼 에너지를 소모해야 하고, 그러다보면 환경오염이 뒤따를 수밖에 없습니다. 이런 측면에서 우리 회사가 사회에 도움을 줄 수 있는 것이 무엇이 있을까 고민하면서, 그렇다면 많은 서버를 돌리는 데 필요한 대체에너지를 한번 만들어보자는 생각을 했습니다. 이 또한 우리 회사가 사회에 도움을 줄 수 있는 일이 될 것입니다.

과감하게 생각을 바꾸어라

혁신을 가져오는 열린 기업문화

이희성 **(李喜星, HS Lee) 인텔코리아 대표이사**

1988 금성전기 연구개발실 엔지니어

1991 인텔코리아 IT매니저(네트워크)

1994 인텔코리아 네트워크 영업 엔지니어

1997 인텔테크놀로지 아시아Ltd.(싱가포르) 화상회의/랜카드 제품
마케팅 매니저

1999 인텔코리아 채널 영업 부문 이사

2000 인텔코리아 통신 영업 부문 본부장

2004 인텔 아시아태평양 통신 마케팅 및 영업 총괄 전무

2005 인텔코리아 대표이사

엔지니어로 시작해 사장에 오른 입지전적 CEO 이희성

"저희의 라이벌이요? 없습니다. 저희는 시장을 리드하고 있습니다. 새로운 기술을 개발해 2위와의 격차를 더 벌리는 것이 목표입니다."

IT 시장을 주도하고 있는 1위 기업의 사장다운 말이다. 대학에서 전자공학을 전공한 그는 1988년 금성전기 연구개발실에서 정통 엔지니어로 사회생활을 시작했다. 이후 1997년 인텔테크놀로지 아시아 마케팅 매니저를 거쳐 2005년 인텔코리아 사장에 오르기까지 이례적인 그의 이력에서 드러나듯, 그는 도전과 변화를 두려워하지 않았기에 지금 경영자로 거듭날 수 있었다고 말한다.

글로벌 IT 기업에 입사한 이래 15년간 승승장구하며 사장까지 오른 '성공가도를 달린 CEO'이지만, 위기의 순간도 많았다. 그에게 그 위기를 돌파할 수 있도록 도와준 것은 무엇이었을까? 그는 자신 있게 '생각을 바꾼 일'이었다고 말한다.

모든 일은 때가 있다, 새로운 일에 도전하라!

대학에서 전자공학을 전공한 그는 학과 공부는 그다지 열심히 하지 않았다고 말한다. 대학 때는 연극부 활동을 하면서 부원들과 어울려 몰려다니는 일이 무척이나 즐거웠다고 한다. 그리고 한 편의 연극을 무대에 올리기 위해 기획안을 만들고 스폰서를 구하고 부원들과 동고동락했던 그 모든 경험들이 기업을 운영하는 데도 상당한 도움이 되었다고 한다. 그런데 아이러니하게도 지금은 연세대학교 경영대학원에 다니는데 공부가 너무 재미있단다. 그가 젊은이들에게 자주 들려주는 말이 있다. "모든 것은 때가 있다. 항상 깨어 있어라. 준비하고 열심히 노력하라. 그리고 가장 중요한 것, 새로운 것을 가능한 한 많이 접하라."

이희성 속도를 가늠할 수 없을 정도로 빠르게 변화하는 하이테크 시대. CEO 이희성은 그 변화를 누구보다 먼저 경험하고 싶은 사람이다. 대학에서 전자공학을 전공하고 R&D 엔지니어로 사회생활을 시작한 그는 점차 '테크놀로지에 기반을 둔 마케팅'에 관심을 갖게 된다.

엔지니어에서 IT 기업의 CEO가 되기까지 그가 추구하는 가치는 무엇일까? 고객과 회사, 직원 모두가 함께 성공해야 한다는 기업문화, 그리고 개방과 평등, 절제의 기업가치가 바로 그것이다. 글로벌 기업의 CEO 이희성, 그가 들려주는 IT 기업 이야기 속으로 들어가보자.

변화와 혁신을 이야기하려면 먼저 수많은 혁신을 통해 오늘의 인텔로 거듭난 우리 회사의 역사를 이야기하지 않을 수 없다.

1968년에 창립된 인텔은 매출액 383억 달러에 달하는 세계 최고의 반도체 회사이다. 현재 약 50여 개국 300여 사업장에서 8만 6,000명가량의 직원들이 일하고 있다. 현재 사업의 중심축은 마이크로프로세서microprocessor이고, 그 외 낸드메모리나 소비자가전용 칩셋 등의 여러 가지 반도체가 회사의 메인 제품들이다.

인텔의 창업자는 고든 무어Gordon Moore, 로버트 노이스Robert Noyce, 앤디 그로브Andy Grove 세 사람이다. 이 세 사람 중 특히 무어의 법칙을 발견한 고든 무어는 아주 유명한 분이다. '무어의 법칙Moore's

Law'은 여러분도 다 알겠지만, 소형화된 전자회로를 수용하고 있는 반도체 조각, 즉 마이크로칩에 저장할 수 있는 데이터의 양이 18개월마다 2배씩 증가한다는 법칙을 말한다.

1960년대 초반에 많은 반도체 회사들이 생겨났는데, 그때 세계적인 반도체 회사 중에 페어차일드라는 회사가 있었다. 기술적으로 보면 당시 반도체 공정을 이루는 대부분의 기술은 회로를 설계할 때 필요한 디지털 신호 구성방식 중의 하나인 바이폴라bipolar 방식을 채택하고 있었다.

하지만 그때 페어차일드에 다니던 많은 엔지니어들은 새로운 반도체 제조기술은 메탈 옥사이드 세미컨덕터Metal Oxide Semiconductor, 즉 MOS 기술이 될 것이라고 예상했다. 이 기술들을 이용해서 새로운 비즈니스 기회를 찾고자 하는 사람들도 있었다. 모스 방식은 반도체 기판의 표면을 얇은 산화막으로 씌우고 그 위에 금속 전극을 붙인 금속 산화막 반도체의 구조이다.

당시만 해도 페어차일드는 상당히 큰 회사였기 때문에 이런 재기발랄할 아이디어를 가진 사람들의 의견을 적극 받아들여 수용하는 분위기가 되지 못했다. 그때 회로설계에 일가견이 있었던 로버트 노이스와 물리화학자였던 고든 무어가 회사를 나와서 1968년에 인텔이라는 회사를 창립하게 된다. 그리고 얼마 지나지 않아서 페어차일드의 많은 사람들이 인텔로 자리를 옮기는데, 앤디 그로브도 그중 한 사람이다. 그리하여 고든 무어, 로버트 노이스, 앤디 그로브가 인텔을 만든 3인방이 된 것이다.

D램 메모리 반도체 회사로 출발하다

이 세 사람이 회사를 만들고 가장 먼저 시작한 사업이 세계에서 최초로 개발한 D램 메모리 반도체이다. D램 메모리 반도체는 컴퓨터의 주기억장치로 사용되는 램 중의 하나로, 한번 기억된 내용을 지속적으로 유지시키는 작업을 수행하는 것이었다.

이들은 기존의 바이폴라 방식의 메모리 반도체와 모스 방식의 반도체를 만들었다. 그리하여 기존의 메인 프레임 컴퓨터에 부착된 페라이트 코어ferrite core로 된 메모리 소자를 반도체 소자로 바꾸는 작업이 시작되었다. 페라이트 코어 또는 EMC 코어EMC core는 속이 텅 빈 원통 모양으로, 고주파용 코일이나 트랜스 등에 사용되는 재질 중의 하나를 말한다.

이제 인텔에서 많은 반도체들을 만들어내기 시작했다. 그러자 1970년대 초반을 넘어서면서 경쟁자들이 하나 둘 생겨났다. 주로 일본의 반도체 회사들이었는데, 우리가 잘 아는 도시바와 후지쯔 등이 그들이다.

시기상으로 보면 그때가 인텔이 많은 새로운 반도체를 만들어내면서도 혁신을 통해 밀도density가 더욱 높은 반도체를 만들어나가던 때였다. 그 무렵 반도체를 만드는 장비 제조 회사들이 많이 생겨났는데, 그 장비를 잘 만드는 회사들이 아이러니하게도 일본의 니콘 반도체였으며, 다음으로 미국의 어프라이드 머티리얼 같은 회사들이었다.

일본 회사들에 밀려
마이크로프로세서 회사로의 방향 전환

시간이 흐르자 일본의 장비 제조 회사들은 자국 반도체 회사들과 좀더 긴밀한 관계를 맺게 되었다. 미국 회사인 인텔은 어쩔 수 없이 경쟁에서 뒤질 수밖에 없었다. 실제로 1968년, 1969년, 1970년 초반에 세계 최고의 메모리 반도체 회사였던 인텔이, 1984년에는 세계 메모리 반도체 시장점유율 3퍼센트로 추락했다.

그때 인텔은 어떻게 해야 할지 많은 고민을 했다. 메모리 반도체를 만들면서 같이 만들었던 반도체들이 있었다. 그중 하나로 인텔이 최초로 만들었던 것이 EP롬이다. EP롬은 erasable and pro-grammable-read only memory로, 전기의 힘으로 정보를 기록할 수도 있고 자외선을 비춰서 정보를 지울 수도 있는 판독 전용 기억장치이다.

EP롬은 똑같은 메모리 반도체이지만 로직을 계속 바꿔볼 수가 있어서 엔지니어들에게 인기가 많았다. 프로그램을 짰다가도 잘못되면 다시 수정이 가능했던 것이다.

그러던 중 1970년대 중반 무렵 일본의 계산기 만드는 회사들이 인텔에 마이크로프로세서를 만들어달라는 요청을 해왔다. 그래서 D램을 만들던 인텔의 유명한 기술자들이 마이크로프로세서의 전형이 되는 최초의 '4004'라는 마이크로프로세서를 만들어서 일본 회사에 팔게 되는 새로운 전환기를 맞았다.

IP Intellectual Property, 즉 지적 재산 역시 일본의 소유가 되었다. 그런데 시간이 지나 인텔은 그것이 얼마나 중요한 기술인지 알게 되었다. 다행인지 불행인지 일본의 계산기 회사가 재무상황이 어려워져서 인텔이 그 회사의 IP를 다시 사고, 그 IP를 기반으로 새로운 마이크로프로세서를 개발하게 됐다. 이러한 과정을 통해 1984년 인텔이 D램 시장에서 아주 어려운 고비에 닥쳤을 때 마이크로프로세스 회사로 전향하는 계기가 되었다.

창업자 앤디 그로브가 《편집광만이 살아남는다 Only the Paranoid Survive》라는 책을 썼는데, 변화와 혁신을 강조한 이 책에 보면 그때의 상황이 아주 상세히 나와 있다. 절체절명의 위기에 놓인 회사, 매출은 올랐지만 실제적인 이윤은 나지 않아서 손실을 보는 상황에서 회사는 어떤 결정을 해야 했을까?

그때까지만 해도 인텔의 CEO도 중역들도 메모리를 근간으로 회사를 키워왔던 사람들인데, 메모리 이외의 새로운 사업은 엄두도 나지 않았을 것이다. 메모리가 인텔을 키운 기반이었다고 굳게 믿었는데, 그 밑그림을 완전히 뒤엎는다는 것이 결코 쉬운 일은 아니었을 것이다.

이는 비단 인텔의 이야기만이 아니라 다른 회사들도 마찬가지일 것이다. 잘나가던 벤처회사가 실패하는 것은 옛날의 영광에 너무 젖어서 옛 사업에만 안주하고 새로운 것에 도전하지 못하기 때문이다. 어떤 변화가 요구되는 중요한 시점에 오면, 기존의 기술을 버리고 회사를 새롭게 도약시킬 수 있는 새로운 기술을 찾을 줄 알아야 한다. 인텔은 그런 결정을 아주 잘 해냈고 결과적으로 그 결정은 주효했다.

인텔은 1985년 마이크로프로세서 회사로 완벽하게 변신을 한다. 1984년 인텔의 사업 화두는 1메가 D램을 만들어내는 것이었다. 당시는 누가 먼저 1메가 D램을 만들어내는가가 관건이었다. 그러나 인텔은 과감하게 1메가 D램을 포기하고 마이크로프로세서 회사로 방향전환을 했다.

앤디 그로브의 시대

1985년 드디어 앤디 그로브의 시대가 도래한다. 인텔의 역사를 보면 앤디 그로브가 가장 명성을 떨쳤던 때는 1985년에서 1995년까지의 마이크로프로세서의 시기이다. 여러분도 잘 알듯 매년 386, 486, 펜티엄 같은 새로운 마이크로프로세서의 개발로 혁신이 일어났다. 이 모두 앤디 그로브가 회사에 있을 때 일어난 일이다.

또 이때는 인텔이 작은 벤처기업에서 중간 규모의 기업으로 성장하기 시작한 시기이다. 작은 기업에서 큰 기업으로 변화하면서 기업의 조직문화가 무엇인지, 이 문화를 기반으로 우리가 어떤 가치를 중요시해야 할지에 대해 고민을 많이 했다. 이러한 새로운 가치가 인텔의 앞으로 10년뿐만 아니라 20년, 30년 성장할 수 있는 밑거름이 된다고 생각했기 때문이다.

그렇게 해서 그 유명한 인텔의 '식스밸류6 Value'가 나왔다. 이것은 회사가 한 단계 도약할 수 있는 근간을 만드는 아주 중요한 요소가 된 것이기도 하다.

실무자들의 올바른 결정이 회사의 운명을 좌우하다

조금 전에 이야기했듯이, 1984년에 회사의 임원진이 D램을 포기하고 마이크로프로세서로 전환한다는 중대한 결정을 내렸다. 이는 인텔의 사업구도의 지형을 완전히 바꾼다는 이야기로 쉽지 않은 변화의 길을 택했음을 의미한다.

그 결과가 어떻게 될지 장담할 수 없었음에도 불구하고 어떻게 그런 결정이 가능했는지는 인텔의 내부 문화를 들여다보면 보다 쉽게 이해할 수 있을 것이다. 그때 인텔의 힘 있는 중간 관리자들은 마이크로프로세서가 주는 이윤이 매우 적다는 것을 이미 알고 있었다.

따라서 그들은 마이크로프로세서가 아닌 롬이나 로직 반도체에 더 많은 돈을 투자했다. 임원진은 그것을 결과로 받아들였고, 결정을 내려야 하는 중요한 순간에도 그 결정을 뒤바꿀 여력이 없었다. 왜냐하면 실무를 담당하고 있는 중간 관리자들이 이미 회사를 다른 방향으로 끌고 가고 있었기 때문이다.

이것이 바로 내가 강조하고 싶은 핵심이다. 나중에 기업문화에 대해 다시 설명하겠지만, 회사가 어떤 상황에 놓여 있든 실제로 일하는 사람들인 실무자가 중요하다. 실무자들이 올바른 결정을 내리면 회사의 운명도 좋은 방향으로 진행된다. 그렇게 되었을 때 회사에서 최종 결정을 내리는 결정권자들도 올바른 방향으로 결정을 내릴 수밖에 없다.

새로운 기술혁신의 근간이 된 기업문화

지금까지 인텔의 역사에 대해 설명했는데, 우리 회사의 가장 근간이 되는 기업문화를 이해하는 데 도움이 되었으면 해서 먼저 이야기한 것이다.

인텔의 기업문화는 간략하게 '열린 문화Open' '평등주의Egalitarian' '규율Disciplined'로 요약할 수 있다.

첫째, 열린 문화

자신의 생각이나 의사를 자유롭게 표현할 수 있는 개방성과 이를 통해 최선의 해결책을 구하는 문화를 말한다. 이를테면 조직 내에 자신의 의사를 자유롭게 표현할 수 있는 환경이 조성되어 있는 것을 뜻한다.

우리 회사는 지금도 오픈 도어 폴리시Open Door Policy라고 해서, 어떤 이슈가 있으면 자신의 동료나 상사, 상사의 상사, 그 상사의 상사, 결국은 CEO에게까지 가서 자신의 이슈를 직접 이야기할 수 있다. 이런 문화 속에서 자신의 의견을 자유롭게 개진할 수 있을 뿐만 아니라 그 대화를 통해서 최선의 방법이 도출되기도 한다. 또 그 대화가 토론이 됐든 논쟁이 됐든, 최고의 해결책을 찾는 근간이 되는 것도 사실이다.

둘째, 평등주의

조직 내에서 직위나 서열보다 개개인의 능력, 가치가 뛰어난 사람들의 의견을 존중하는 문화를 말한다. 이갈리테리언Egalitarian은 '평등하다'라는 뜻이다. 로버트 노이스와 고든 무어가 회사를 만들 때 '우리는 공동의 이익을 추구하는 집합체communitty of common interest에 관심이 있는 사람들이 모인 집단'이라는 생각을 가지고 있었다. 그래서 어떤 판단을 내릴 때도 조직 내의 직위보다는 그 사람이 가지고 있는 지식 파워, 즉 지식의 양이라든지 보유하고 있는 기술, 새로운 아이디어와 의견을 존중하는 문화가 자연스레 형성될 수 있었다.

셋째, 규율

모든 사람들이 회사의 규정을 기반으로 각자 일을 하며, 모든 과정에서 한 치의 실수도 허용하지 않는 것을 말한다. 다시 말해 디시플린Disciplined은 규율 또는 룰을 정확히 지키는 것을 말한다.

반도체 회사는 회로를 설계하는 엔지니어, 실험실 내에서 그 회로를 성공시키는 실험자, 대량 양산 체제에서 성공적인 기술을 만들어내는 사람들의 조합으로 이루어진다. 그런데 로직 디자인에서 기본적인 실수가 있으면 최초 양산에서 실수가 뒤따르고 또 어딘가에서 실수가 발생한다. 결국은 세 가지 프로세스에서 한 치의 실수도 허용하지 않는 것이 중요하다. 그래서 '디시플린되어 있어야 한다'는 말이다. 룰에 근거해서 디자인을 하고 생산을 하며 고객과의 약속을 지키는 것, 이 모든 것이 디시플린에 속한다.

앤디 그로브가 CEO로 있을 때의 일이다. 이갈리테리언은 평등하다는 것이니까 인텔은 주차장에도 CEO의 차를 세우는 자리가 따로 없다. 차장이나 일반 직원이나 주차 공간이 똑같다. 늦게 오면 뒤에 주차를 하고 일찍 오면 앞에 주차를 한다. 이것은 디시플린과 관계된 것이다. 디시플린에 대한 이런 이야기도 있다. 우리 회사는 8시 30분까지 출근인데 앤디 그로브가 출근 시간 5분 후에 주차장에서 누가 늦었는지 체크를 했다고 한다. 그만큼 인텔은 디시플린을 강조한다. 이런 조직의 문화는 인텔이 새로운 기술혁신을 창출하는 근간이 되었다.

경쟁 기업보다 한 발 앞서라

인텔의 전략은 다른 기업보다 항상 한 발 앞선다는 것이었다. 결국 경쟁자가 없는 상태에서 물건을 팔게 되니까 남들보다 더 많은 이윤을 얻을 수 있었다. 이 전략은 지금까지 성공적이었고 앞으로도 지속될 것이다.

우리가 일반적으로 범용화汎用化, 즉 다양한 용도로 상품화하는 것을 코모디타이제이션commoditization이라고 하는데, 보통 D램 반도체 회사들이 코모디타이제이션되어 있다고 한다. 이것은 세상에 경쟁자가 많아지면 경쟁의 논리에 따라 가격이 싸질 수밖에 없다는 것이다.

그러므로 남들보다 한 발 앞서서 그들이 만들어내지 못하는 새로운 제품을 만들어야 한다. 아니면 그들보다 더 나은 제품들을 시장에 끊임없이 제공해서, 고객들이 그 제품들을 선호할 수 있도록 시장을 만들어나가는 노력이 중요해진다. 다시 말해 경쟁 때문에 가격이 내려가면 더 경쟁력을 갖춘 제품으로 고객을 확보하려 노력해야 한다는 말이다.

마케팅 역사의 전설을 만들다

인텔의 역사를 살펴보면, 마이크로프로세서를 발전시켜오면서도 남들보다 한 발 앞서 나가려는 노력을 계속해왔다. 156쪽 표에서 보듯이, 1971년에 4004가 나왔고, 1985년에 마이크로프로세스 분야에 뛰어들었다. 그리고 1991년에는 그 유명한 브랜드 프로그램인 인텔 인사이드 프로그램이 시작되었다. 그 이전까지만 해도 완성품이 아닌 소재를 가진 회사들이 최종소비자들에게 브랜딩하는 경우는 거의 없었다. 그런데 마케팅사에서는 전설이 되다시피 한 인텔 인사이드 프로그램이 나왔던 것이다.

2005년에는 플랫폼 전략을 수립했고 2007년, 2008년이 되면서 멀티 코어 프로세서가 시장에 나왔다. 그 이전까지만 해도 마이크로프로세서 기술은 주파수를 높여서 더 나은 기술을 만들어내는 것이었다. 즉 주파수가 높으면 높을수록 성능이 더 좋아지는 것이었다. 하지만 주파수만을 높여서 마이크로프로세서를 향상시키는 데는 문제점이 있었다. 주파수를 높이면 높일수록 동작 속도가 많아지고, 결국 열도 더 많아져 컴퓨터가 완전히 히터가 되었던 것이다.

| 인텔의 혁신과 노력 |

1968	1971	1985	1991	2007	2008
보브 노이스와 고든 무어는 새로운 회사를 설립하고, 인텔이라고 이름 지음.	미래 PC 혁명의 기초가 되는 최초의 마이크로프로세서 4004를 발표.	메모리 사업부문에서 벗어나 마이크로프로세서 분야로 뛰어듦. 386을 출시.	인텔 인사이드 프로그램이 시작되었고, 사람들이 부품 브랜드에도 관심을 갖기 시작함. 인텔이 세계에서 가장 인정받는 브랜드의 하나가 됨.	전력 효율적이며 환경친화적인 최신 45나노 공정을 발표.	새로운 아키텍처가 탑재된 인텔 코어 i7 프로세서를 발표.

그래서 어떻게 하면 컴퓨터를 히터로 만들지 않고 전력소비량도 줄이면서 더 나은 성능의 마이크로프로세서를 만들어내느냐가 초미의 관심사가 되었다. 우리 회사는 노력을 계속한 끝에 새로운 마이크로 구조를 만들어냈다. 그 한 가지 방법이 코어를 2개로 만들고 클락 프리퀀시를 낮추는 것이었다. 그러면 여러 개의 코어를 동시에 쓰면서 프로세싱 파워는 늘릴 수 있는 반면 실제 동작 주파수는 낮아져 전체적으로 전력소비량은 줄게 된다.

또 다른 방법은 제조 공정을 미세 소폭으로 해서 성능을 최적화하는 것이다. 90나노, 65나노, 45나노 이런 것들이 다 반도체 회로 공정이다. 그 공정을 얼마나 더 미세하게 하는가에 따라서 실제적으로 동일한 반도체의 숫자를 동일한 면적 내에, 즉 실리콘 면적 내에 더 많은 트랜지션을 집적시킴으로써 반도체의 성능이 더 향상될 수 있었다.

중대한 결정을 가능하게 한 '식스밸류'

지금까지는 반도체를 중심으로 이야기했다. 그런데 1989년에 인텔의 인사 담당 부사장이 식당에 이런 글을 게시했다. '우리 인텔이 지금까지 추구했던 고유의 가치인 기업문화를 어떻게 설정해야 회사가 성장할 수 있겠습니까?' 이렇게 해서 탄생한 것이 바로 인텔의 '식스밸류6 Value'이다. 미리 살펴보면 이것은 '고객 중심' '절제' '규율' '위험 감수' '최고의 직장' '결과 중심'이다. 사실 인텔이 지난 40여 년의 여정을 거치면서, D램에서 마이크로프로세서로 전환을 꾀하는 등의 중대한 결정을 짧은 시간에 내릴 수 있었던 요소들이 여기에 다 녹아들어 있다고 해도 과언이 아니다.

먼저 '고객 중심'을 살펴보자. 우리는 일찌감치 시장에서 인텔이 더 이상 D램 반도체의 리더가 아니라는 사실을 알아차렸다. 3퍼센트도 안 되는 시장점유율을 가지고는 사업을 이끌 수 없다는 냉정한 현실을 받아들였다. 그래서 다른 새로운 니즈needs가 있는 시장을 향해서 가야 한다는 결론을 내리고 이를 찾는 데 집중했다.

다음은 '위험 감수'이다. 실제로 마이크로프로세서 시장은 그렇게 큰 시장은 아니었다. 그럼에도 우리는 위험을 감수했고, 그것은 우리 회사가 작은 벤처회사에서 큰 반도체 회사로 도약할 수 있는 계기가 되었다. 나는 작은 결정 하나에도 이런 기업문화가 중요한 역할을 했기에 인텔의 오늘이 있다고 생각한다.

여기까지가 인텔의 전반적인 역사와 기업문화, 그리고 인텔이 가장 중요하게 생각하는 식스밸류에 대한 것이다.

시행착오를 통해 배우다

그럼 이제부터는 내 이야기를 해보려 한다. 나는 금성전기라는 회사에서 3년 반 동안 R&D 엔지니어로 일하다가 인텔에 입사해서 지금 17년째를 맞고 있다. 17년이 짧다면 짧고 길다면 길다고 할 수 있는 세월인데, 내가 여기에 17년 동안이나 몸담을 수 있었던 것 또한 인텔의 기업문화 덕분이다.

인텔에서는 기본적으로 상대를 존중하고, 자신의 일에서만큼은 모든 결정을 자신이 내릴 수 있다. 우리는 이것을 델리게이션delega-tion이라고 하는데, 모든 의사결정을 임원진만 내리는 것은 아니다. 우리는 매일매일, 그때그때 일어나는 일에 대해서는 실제로 현장에서 일하는 사람들이 판단해서 결정을 내리게 한다. 왜냐하면 그들이 고객과 가장 가까이 있어서 고객이 무엇을 원하는지, 고객의 요구는 어떤 것인지 가장 잘 알고 있는 만큼 더 나은 결정도 할 수 있다고 믿기 때문이다.

인텔에 있는 동안 나는 여러 가지 일을 했다. 내부적으로 IT 매니저도 했고 산업이 메인 프레임 컴퓨터 중심에서 클라이언트-서버 중심의 네트워크 환경으로 바뀔 때에는 네트워크 스페셜리스트로도 일했다. 그리고 지금은 사양화되었지만, 랜카드라고 해서 PC에 카드를 꽂아 네트워크에 연결하던 시절이 있었다.

그런 시절을 다 거쳐서 2000년대 초반에 인텔이 마이크로프로세서 외의 다른 쪽, 즉 커뮤니케이션 제품이라든지 소비자 가전 부품 같은 반도체 회사가 되기 위해서 숱한 M&A를 시도했는데 그쪽 파트의 일도 했다. 그리고 아시아 전체 커뮤니케이션 실리콘 세일즈를 하다가 2005년에 드디어 인텔코리아 사장이 되었다. 인텔에서 보낸 17년이 파노라마처럼 지나간다.

회사에서 일을 하다보면 우리 직원들을 봐도 알 수 있는데, 학교를 졸업하고 처음 회사에 들어오면 새로운 것을 배우고 익히는 데 금방 지친다. 자신이 전문가 수준으로 일을 익힐 때까지 그 일을 계속하지 않고, 새로운 니즈가 있으면 그곳에 먼저 가고 싶어한다. 물론 회사에서는 되도록 그 사람한테 맞는 일을 주려고 노력한다. 하지만 실질적으로 그 일이 자신한테 맞지 않는다고 해도 그 일을 개선하려는 노력 등을 통해서 자기 자신을 발전시킬 수 있는 계기를 만들 수 있다. 그렇게 함으로써 결국 나중에 회사로부터 인정도 받게 되는 것이다.

또 회사생활을 하다보면 어려움이 닥칠 때가 많다. 나는 1997년에 아시아 마케팅 매니저로 싱가포르에 가서 일을 하게 된 적이 있다. 그때 그곳에 가고 싶어하는 사람들이 많아서 그들로부터 부러움의 시선을 많이 받았다. 내게는 기회이기도 했지만 굉장한 도전을 필요로 하는 일이기도 했다. 그리고 막상 가보니까 싱가포르라는 나라는 동양에 있지만 그들의 생각은 완전 서양인이었다. 매 순간 철저히 논리적으로 결정을 내려야 했다.

나는 필드에서 뛴 경험만 있던 사람이었다. 그런데 사람들이 세일즈 오리엔티드가 어떻고, 마켓 오리엔티드가 어떻고 하는 이야기를 자주 하는 것이었다. 나중에 MBA 프로그램에서 배웠는데, 세일즈 오리엔티드sales oriented는 판매 제일주의, 마켓 오리엔티드market oriented는 시장 제일주의라는 뜻이었다.

이 판매 제일주의 사람들은 즉각적인 결과에 신경을 쓴다. 그런 만큼 최고의 이익을 낼 수 있는 것이 무엇인지에 대해 촉각을 곤두세운다. 반면 마케터들은 지속가능한 가치가 되는 것이 무엇인지에 대해 신경 쓰는 사람들이다. 그때 나의 포지션은 세일즈에서 마케터로 옮겨가는 과정이었다. 하지만 나 스스로 마케터로서 준비가 되어 있지 않았던 시기였다. 그래서 마케팅 플랜을 짤 때도 내가 한국에서 일했던 경험을 세일즈의 근간으로 삼고, 그 경험들이 즉각적인 결과를 가져올 수 있다고 자신했다. 그런데 결과는 별로 안 좋았다.

싱가포르에서 일할 때 동료들과 갈등이 많았다. 내가 제안서나 마케팅 플랜을 내놓으면, 동료들은 어디에 근거해서 이런 제안서가 나왔느냐고 물었다. 그들에게 '내 경험으로 봐서 이것이 맞을 것이다'라는 이야기는 통하지 않았다. 그들이 요구하는 것은 정확한 근거를 기반으로 한 제안서였다.

예를 들어 1996년의 데이터를 보면 시장 규모는 이만큼이었다. 실제로 소비자의 요구가 이러한 데서 이만큼 있었다. 그리고 전체 시장에서 우리가 차지하고 있는 점유율은 이만큼이고 마케팅으로 공략 가능한 비율이 이만큼이다. 따라서 이러한 타깃층을 집중공략하겠다. 이런 논리로 설명이 이어지지 않으면 아무도 내 아이디어를 받아들이지 않았다. 지금 생각해봐도 참 힘든 과정이었다.

그런데 그것을 모르고 세일즈를 했던 나의 경험을 밀어붙여 이것이 맞다고 우겼던 것이다. 결국 그들과 많은 갈등을 빚었고, 어떤 면에서는 자존심도 상하고 좌절도 했다. 과연 이 상황을 어떻게 헤쳐나가야 할까, 나의 고민은 끝이 없었다. 그러면서 마케팅 책을 다시 보면서 '4P'가 무엇인지도 알고, 여러 가지 방법을 동원해서 나 스스로 난관을 극복하기 위해서 많은 노력을 했다. 그리고 아시아태평양 지역본부에 있는 사람들, 본사에 있는 마케팅 담당자들과 많은 논쟁을 주고받는 과정에서 거듭되는 실수를 통해 많은 것을 배웠다.

그렇게 힘들었던 2년간의 나날이 끝나고 다시 한국에 돌아와서 한국에 있는 직원들을 보았다. 그런데 그들이 2년 전의 나처럼 사업 제안서를 만들고 있는 것을 보고 놀라지 않을 수 없었다. 물론 실제 시장에서 보면 그게 더 맞았다. 왜냐하면 아시아태평양 지역본부나 본사 사업총괄본부에서 전체 시장을 보고 짜는 마케팅 플랜이 특정 지역하고는 일치할 수가 없기 때문에 그 사람들의 이야기가 맞았다.

하지만 어떤 로직, 어떤 데이터, 어떤 가정에 근거해서 그 제안서가 나왔는지가 명확하게 구현되지 않으면 전혀 채택되지 않았다. 이러한 사례가 '이것이 인텔의 표준이다'라는 것을 직원들한테 알리는 계기가 되었고, 오히려 나중에 내가 또 다른 부서에서 성공적으로 일할 수 있는 기본 바탕이 되었던 것 같다. 싱가포르에서 내가 2년 넘게 실수를 통해 배웠던 바로 힘들었던 그 경험을 통해서 말이다.

| 이희성의 경영노트 |

진인사대천명.
모든 일에 최선을 다하는 게 중요하다. 최선을 다하는 게 성공을 담보하지는 않더라도 성공할 수 있는 확률을 높일뿐더러, 작고 큰 성공에 일희일비하지 않을 담대함을 가지게 한다.

CEO
생생 토크

01_ 이희성 대표님께서는 어떤 젊은 시절을 보내셨는지 알고 싶습니다. 지금 되돌아보았을 때 후회되는 점과 잘했다고 생각되는 점이 있다면 말씀 해주십시오.

저는 서강대학교에서 전자공학을 전공했습니다. 서강대학교가 학점이 짜기로 유명한데요, 졸업 학점이 2.0대로 간신히 졸업을 할 수 있었습니다. 대학 때는 전공인 전자공학보다는 연극을 주로 했습니다. 대학에 입학하자마자 서강연극회에 들어가서 연극활동 에 심취해, 1학년의 절반이 지날 무렵에는 학점이 거의 바닥을 기었습니다. 그러자 부모님께서 군대 다녀오면 정신 차리겠지 하고 군대에 보내버리셨습니다. 그런데 군대를 다녀와서도 또 연극을 했습니다. 학교 졸업할 때까지 말예요.

지금 돌이켜봐도 연극을 했던 것을 후회하지는 않습니다. 연극을 통해서 많은 이들의 삶을 들여다볼 수 있었거든요. 그리고 연극이라는 것은 무대에 올려진 '연극'이라는 최종 결과물이 중요한 것이 아닙니다. 연극 한 편을 무대에 올리기 위해서는 작가에 대한 연구, 작품의 시기적 배경과 영향에 대한 연구, 희곡에 대한 분석이 필요합니다. 또 무대 조명은 어떻게 할 것인지, 음악은 어떻게 할 것인지, 전체적인 무대 세팅은 어떻게 할 것인지 등도 연구해야 하지요. 연극 한 편을 무대에 올리기 위해 연구하는 이 모든 활동들이 대학교 연극반에서 가장 재미있는 활동이라고 할 수 있습니다.

연출은 배우, 스태프 등 모든 것을 관리해야 합니다. 연극을 준비하다보면 사람들이 모이는 집단인 만큼 많은 갈등이 있는데, 그러한 것들을 해소해나가야 합니다. 또 제가 조금 전에 말씀드렸던 작품 분석 등에 대한 연구들을 통해서 이 연극이 관객들에게 어떻게 보여지게 할 것인지에 대한 플래닝도 짜야 합니다. 아무리 대학 연극이라고 해도 연극 한 편을 무대에 올리려면 돈이 있어야 하지요. 누군가가 스폰서를 받아와야 하고, 그것 또한 기획을 해야 합니다. 이번 학기에는 얼마의 예산으로 누구누구의 돈을 들여서 어떤 연극을 올리겠다 하는 것들이지요.

그러니까 연극을 무대에 올리는 그 자체에 한 작은 사회가 들어 있다고 볼 수 있습니다. 한 편의 연극을 무대에 올리기 위한 기획에서 전체적인 분석, 세부적인 것들에 대한 분석, 희곡에 대한 이해, 이러한 것들을 통해서 많은 것을 배웠습니다. 만약 제가 다시

대학생이 된다면 물론 공부도 더 열심히 하겠지만, 나를 좀더 개발할 수 있고, 더 넓은 세상을 알기 위해서 많은 노력을 할 것 같습니다.

그런데 참 아이러니하게도 지금 제가 연세대학교 글로벌 MBA에 다니고 있는데 공부가 정말 재미있습니다. 공부가 이렇게 재미있는 것이구나 하는 것을 새삼 깨닫게 되었어요. 여러분도 아마 때가 있다는 것을 알 날이 있을 것입니다. 언제 정말 열심히 공부해야 하고 또 언제 좀더 넓은 세상을 알기 위해 도전을 해야 할 때인지를 말입니다.

저는 무한한 가능성이 있는 젊은 나이에 새로운 도전을 많이 해보라고 말하고 싶습니다. 물론 공부도 중요하지만, 이러한 많은 도전을 통해서 성공할 수도 있고 실패할 수도 있습니다. 그런데 중요한 것은 실패를 통해서 더 많은 것을 배울 수 있다는 것입니다. 그래서 많은 노력을 해보라고 하고 싶습니다.

02_ 세일즈 마케팅을 하시다가 아시아 시장에서 사장님이 됐다고 말씀하셨는데, 어떤 계기로 네트워크 엔지니어로 시작해서 경영에 관심을 갖게 되었고 대표까지 되었는지 알고 싶습니다. 또 CEO가 되고자 하는 사람들에게 CEO가 갖추어야 할 중요한 자질이 무엇인지 말씀해주십시오.

거듭 말씀드리지만 저는 인텔에 17년 동안 있으면서 다양한 일을 했습니다. 그런데 그 일의 대부분이 나중에는 없어졌지요. 마이크로프로세서 이외에 새로운 것들을 개발하기 위해 많은 노력을 했지만 성공한 것이 별로 없었습니다. 이처럼 조직 내에서 쓰라린 실패도 많이 했지만, 그것에 휩쓸리지 않고 잡초처럼 끈질기게 그 자리에 버티면서 새로운 일들을 계속 찾아냈습니다. 그리고 그 일에 최선을 다하고 결국에는 결과를 내는 모습들이 회사에서는 아마 좋게 보였나봅니다. 그런 점 때문에 제가 인텔코리아를 맡게 되었습니다.

여러분에게 부탁하고 싶은 것이 있다면 일을 하다보면 잘될 때도 있지만 안 될 때도 많은데 그것을 극복해야 합니다. 그것이 자신을 더 키우는 길이기도 합니다. 성실하게 꾸준히 노력하는 것이 중요합니다. 그리고 무엇보다 일을 즐기면서 해야 합니다. 저는 지금도 직원들한테 일하는 게 행복하지 않느냐고 반문합니다. 내일 와서 이러이러한 일을 이러이러한 사람들과 함께해서 결과를 만들어내면 얼마나 행복하겠느냐고 말입니다. 물론 실제로도 다들 그렇게 생각하고요.

세일즈는 더더욱 그러한데, 내 노력으로 목표를 달성했을 때 그 성취감은 이루 말할 수가 없습니다. 이러한 것들을 기쁨으로 느낄 수 있는 마음 자세가 되어 있으면 좋습니다. 그러면 그 일을 더욱 열심히 하게 될 테니까요. 일이란 자신이 좋아서 열심히 할 때 더욱 확신에 차서 일을 하기 때문에 그 결과 또한 좋습니다.

그리고 일이 좋아서 하다보면 일을 즐기는 경지에 이르게 되는데, 이보다 행복한 것이 또 어디 있겠습니까.

03_ 마케터로서 갖춰야 할 마인드와 열정이 많은 신입사원들을 북돋아 줄 수 있는 대표님의 노하우를 말씀해주신다면요?

사실 저만의 노하우는 없습니다. 조금 전에 기업문화에서도 말씀드렸듯이, 기본적으로 우리 회사는 스스로 알아서 잘하자는 주의입니다. 자신이 어떤 일을 해야 할지 매니저나 다른 사람이 목표를 제시해줄 수는 있습니다. 하지만 신입사원들이 주의 깊게 생각해야 할 것은, 자신한테 주어진 목표를 달성하기 위해 누가 시키는 대로 따라만 하다보면 결국에는 다른 사람과 똑같은 일밖에 못한다는 것입니다. 자신한테 일을 가르쳐주는 사람이 하는 일밖에 못하게 되지요.

저는 신입사원들이 들어올 때마다 이런 이야기를 합니다. "자신의 의견을 자신 있게 내놓고 동료들과 상의하라. 부딪쳐라. 설령 그들이 당신을 비난하고 잘못했다고 지적할지라도 그것을 받아들일지를 결정하는 것은 본인이다." 마케터의 입장에서 보면 이것은 더욱 중요합니다. 마케터는 남들이 가지 않은 새로운 영역을 만들어내야 합니다.

그런 측면에서 보면 누구의 가르침을 받고 일을 하기보다는, 물론 회사에서 일하는 방식은 기본적인 프로세스는 있으니까, 프로세스는 따라하되 자기 고유의 것을 만들어내는 것이 더욱 중요하다고 봅니다. 자기 고유의 것이란 결국 자신의 경쟁력이 되고 나아가서 회사의 경쟁력도 되는 것이니까요.

04_ 요즘 젊은이들에게 들려주고 싶은 말씀과 글로벌 기업의 인재상에 대해 말씀해주십시오.

기업에서는 대학에서 공부를 열심히 한 학점이 뛰어난 인재도 필요하지만, 업무에 따라서 필요한 인재들이 다릅니다. 엔지니어를 전공해서 R&D 분야로 가야 할 사람이 있는 반면, 경영을 전공해서 기획이나 마케팅 분야에서 일을 해야 할 사람도 있습니다.

특히 벤처경영학을 공부한 사람이라면 새로운 회사를 어떻게 만들어낼 것인가 하는 일을 해야겠지요. 사실 우리나라가 한 차원 높은 나라로 나아가려면 결국 서비스 중심의 회사들이 더 많아져야 합니다. 즉 지식을 원천으로 한 서비스 회사들이지요. 우리나라가 전형적인 2차 산업에서 3차 산업으로 많이 못 가고 있는데, 우리나라에 있는 서비스업은 주로 음식점입니다. 이런 산업은 크리에이티브 밸류가 그리 크지가 않습니다.

여러분도 많이 들어보았겠지만, 보스턴컨설팅이나 베인앤컴퍼니 같은 회사들은 지식 서비스로 엄청나게 많은 돈을 벌어들이고 있습니다. 지식을 팔려면 우선 그 분야의 지식이 먼저 있어야 합니다. 그다음에 지식을 서비스할 수 있는 회사들을 만들어내야 합니다. 그래서 일단은 지식을 쌓는 게 중요하고 다음이 새롭게 회사를 만들어내는 것입니다. 우리 회사의 창업주인 로버트 노이스나 고든 무어처럼 일단은 무언가를 해보는 것이 중요합니다. 그들은 기본적으로 인텔의 서킷을 디자인하는 엔지니어링 기술이 있었고, 물리 화학자pysical chemist로서 기본 기술이 있었습니다.

여러분도 마찬가지입니다. 내가 가진 기술, 지금은 또 옛날과 달라서 반도체 기술만 있는 것은 아니지요. 바이오테크놀로지 기술이 될 수도 있고, 소프트 엔지니어링 기술이 될 수도 있습니다. 그 외 우리가 지금까지 전혀 생각지도 못했던 완전히 다른 기술이 될 수도 있고요. 그런 기술들을 다른 사람들과 어떻게 차별화해서 자기 것을 만들 것인지, 또 그것을 통해서 새로운 벤처를 만들어내겠다는 의지를 가지는 것도 좋습니다. 자신이 다른 사람들과 다른 것을 가지고 있다면, 그것으로 자신의 회사를 만들어보겠다는 큰 꿈을 가지는 것도 중요합니다.

세계는 빛의 속도로 변하고 있다!

급변하는 신국제화시대의 성공전략

강성욱(姜聲郁, Chris Khang) 시스코 시스템즈 아시아지역 총괄 사장

1985 한국 IBM 공공기관 영업 브랜치

1988 미국 MIT 슬론 비즈니스 스쿨 MBA

1990 탠덤 컴퓨터 본사 근무

1994 탠덤 컴퓨터 아태본부 근무

1996 탠덤 컴퓨터 동아시아 총괄 사장

1997 한국 컴팩 대표이사

2002 한국 휴렛팩커드 국내 엔터프라이즈 그룹 총괄 사장

2005 시스코 시스템즈 북아시아 총괄 부사장

2006 시스코 시스템즈 아시아지역 총괄 사장

제3의 세계화, 변화의 중심은 바로 우리라고 말하는 CEO

"제3의 세계화가 도래했고 가속화될 것이다."
시스코 시스템즈의 강성욱 아시아지역 총괄 사장은 세계적인 네트워킹 솔루션 전문업체를 이끌고 있는 젊은 CEO인 만큼 '변화'에 집중하고 있다. 그는 지금 우리가 겪고 있는 많은 변화에 대해 《세계는 평평하다》라는 책에 나오는 제3의 세계화로 설명하고 있다. 이 책에서 말하는 제3의 세계화의 핵심은 빛의 속도로 빠르게 변하고 있는 지금의 변화는 국가나 기업이 아니라 개인이 주도한다는 점이다. 즉 변화의 주체가 개인이라는 것. 강 사장은 이러한 제3의 세계화가 가능한 배경은 '웹'이라고 강조한다. 웹을 통해 개개인들이 자신의 관심 분야에 대해 상호교류하며 막강한 공동체를 형성할 수 있게 되었다는 것. 아울러 그 과정에서 세계의 중심축이 아시아로 변하고 있다는 데 새롭게 주목하고 있다. 그가 우리에게 '변화'를 다시 한 번 상기시키고 강조하는 것도 바로 이 때문이다.

변화를 맞이하는 우리의 자세가 중요하다

그는 이러한 변화의 시대를 신국제화시대로 정의하며, 이러한 시대를 맞이하는 우리의 자세가 중요하다고 말한다. '변화'에 집중하고 있는 강성욱 사장에게 위기는 곧 기회를 뜻한다. 위기는 달리 말하면 변화를 요구하고 발전할 수 있는 모티프를 제공하기 때문이다. 따라서 위기에 어떻게 대처하느냐에 따라 변화와 발전이 가능하고 더 큰 기회를 맞을 수 있다는 것이다.
그리고 위기를 기회로 바꾸기 위해서는 우리에게 다음의 자세가 필요하다고 한다. 첫째는 혼자 살아남겠다는 생각을 버리고 함께 성장, 발전을 도모하려는 협력/파트너십이다. 둘째는 시장과 소비자의 요구를 알고 변화시키려는 혁신의 노력을 지속하는 것이다. 마지막으로는 어떤 변화 속에서도 빠르고 정확하게 대처해 나갈 수 있는 민첩성을 갖추는 것이다.

강성욱

21세기 신국제화시대, 우리는 많은 변화가 진행되는 세상 속에 살고 있다. 세계 최대의 네트워킹 솔루션 기업인 시스코의 아시아지역 총괄 사장직을 맡고 있는 강성욱 대표. 우리 시대 젊은이들이 본받고 싶어하는 인물이자 대표적인 다국적 IT 기업의 리더인 그에게 '변화'는 최고의 화두이다. 그는 토머스 프리드먼이 《세계는 평평하다》에서 인용한 '제3의 세계화'를 예로 들어 '변화'는 빛의 속도로 빠르게 가속화되고 있으며, 이제는 국가와 기업의 차원을 넘어 개인적 차원에서 진행되고 있다고 주장한다. 그리고 이러한 변화를 가능하게 한 인터넷과 웹, 즉 싸이월드, 위키피디아, 유튜브 등의 예시를 통해 빠른 변화의 속도를 실감나게 들려준다. 그는 점점 가속화되고 있는 지금의 환경에서는 좀더 적극적인 도전과 변화가 요구된다며, 이를 위해서는 협력/파트너십, 혁신성, 민첩성을 갖추어야 한다고 말한다. 변화의 시대에 위기를 기회로 바꾸어 성공에 이르는 길을 찾는, 그의 이야기 속으로 들어가보자.

지금 시대를 사는 우리는 변화하지 않으면 생존이 어렵다고 한다. 그렇다면 변화란 무엇일까? 나는 변화란 발전을 의미한다고 생각한다. 물론 그렇지 않은 경우도 있지만, 변하지 않으면 발전을 기대할 수 없다. 역사를 돌이켜보면 변한다는 말의 의미가 더욱 분명해진다. 역사를 달리 표현하면 변화의 과정이라고 해도 과언이 아닐 것이다. 그런 변화 가운데 산업혁명을 일으킨 증기기관이나 전기의 발명, 상대방과의 소통에서 거리 개념을 없애버린 전화기의 발명 등 생활양식이나 양태를 근본적으로 바꾼 것들이 그 생생한 예이다. 이러한 변화를 혹자들은 패러다임을 바꾸었다고 말한다.

인텔의 CEO였던 앤디 그로브Andy Grove는 변화를 변곡점에 비유하기도 했다. 수학에서는 곡선의 굴곡이 바뀌는 점을 변곡점inflec-tion point이라고 하는데, 내가 근무하는 시스코와 같은 기술회사에서는 혁신기술, 즉 disruptive technology의 변화를 변곡점이라고한다. 구체적으로 표현하면 '세계를 보는 눈' '세상을 사는 방법'을 근본적으로 바꾼 변화라는 의미이다. 역사적으로 볼 때 이런변화는 꾸준히 있었으며, 세상을 사는 방법을 근본적으로 바꾼 획기적인 변화들도 꽤 많았다.

우리의 삶을 바꾼 근본적인 변화들

지금은 누구나 갖고 있는 휴대폰은 이미 생활필수품이 되었지만 15년 전 모토로라Motorola에서 휴대용 전화기를 만들었을 때는지금과 상황이 사뭇 달랐다. 제품의 외형만 보더라도 군대에서 사용하는 무전기만한 크기에 아주 무거웠을 뿐만 아니라 지금의 휴대폰과는 달리 오로지 전화기로만 사용할 수 있었다. 그런데도 어지간한 사람은 구입하기 어려울 정도로 비쌌기 때문에 힘과 권력의 상징이기도 했다. 당시 그 휴대폰을 산 사람들은 들고 다니기보다는 차에 두고 다니면서 무슨 보물 다루듯 했다.

그러나 지금은 휴대폰이나 PDA를 사용하지 않는 사람이 거의 없을 정도이다. 또 우리가 사용하는 휴대폰의 기능은 어떤가? 그저전화기로만 사용하는 사람이 있는가? 개인적인 판단으로는 휴대폰을 전화기로만 사용하는 사람은 0.00001퍼센트도 안 될 것이다.

모토로라에서 처음 만든 휴대용 전화기

오늘날 휴대폰은 게임기, MP3, TV 등 다양한 기능으로 이용되고 있다. 또 크기도 15년 전에 나왔던 휴대폰과 비교할 때 작아지고 기능도 매우 다양해졌다. 그런데도 가격은 과거에 비해 상당 부분 저렴해졌다. 더욱 중요한 것은 이런 복잡하고 많은 기능을 갖춘 휴대폰이 현재를 살고 있는 사람이라면 없어서는 안 될 필수품이 되었다는 점이다.

모든 사람에게 평등한 기회 제공

토머스 프리드먼Thomas L. Friedman이 쓴 《세계는 평평하다The world is flat》라는 책을 읽어보았는가? 〈뉴욕타임스〉의 저널리스트였던 저자는 이 책에서 IT 기술이 글로벌 경제의 흐름을 어떻게 변화시켜왔는지에 대해 잘 해석해주고 있다. 우선 프리드먼은 오늘날의 가장 큰 변화로 기회의 균등을 꼽는다. 인터넷, 바로 웹의 대중화로 누구나 시공간의 한계를 넘어 보다 많은 기회를 누릴 수 있게 되었다는 것이다.

예를 들어 인터넷이나 웹이 활성화되지 않았던 시절에는 아프가니스탄에 사는 사람과 미국의 실리콘밸리에 사는 사람은 근본적으로 주어진 환경이 달랐다. 이에 성공의 가능성도 크게 차이가 났다. 당연히 실리콘밸리에 사는 사람에게 더 많은 정보와 기회가 주어졌다. 그러나 인터넷이 발달한 오늘날은 상황이 전혀 다르다. 아프가니스탄, 아프리카 등 전 세계 어디에 있든 인터넷으로 정보를 얻고 새로운 기회를 잡는 데 결코 불평등을 경험하지 않아도 된다.

적어도 기회에 있어서 평등한 시대가 도래했다는 말은, 가령 인터넷 1.0 세대라면 인터넷에 어떻게 접속할 수 있는지 알고 있거나 모르더라도 교육을 받기만 하면 자신이 얻을 수 있는 정보의 양이 무한대라는 것이다. 과거에 대부분의 사회는 삼각형의 계층구조, 즉 피라미드 계층구조의 모습을 띠고 있었다. 피라미드 구조의 사회에서는 상하관계가 분명했다. 여기에는 여러 가지 원인이 있었겠지만, 특히 정보를 취득하는 데 따르는 불평등이 주효하게 작용했다. 피라미드의 상층부에 있는 사람일수록 양질의 정보를 풍족하게 누리는 반면, 하층부에 있는 사람은 웬만큼 가치 있는 정보에는 접근조차 허락되지 않았다.

그런데 인터넷 1.0 세대가 아주 오랜 역사 동안 갇혀 있던 이런 불평등의 환경을 변화시킨 것이다. 이것이야말로 크나큰 혁명이 아니겠는가. 정보가 있다는 것은 기회가 있다는 의미이다. 즉 인터넷이 정보에 대한 접근 기회를 누구에게나 동등하게 제공함으로써 새로운 기회의 시대를 열어주었다. 이것이 토머스 프리드먼이 말한 '세계는 평평하다'의 의미이다.

세계화의 주역이 바뀌고 있다

"제3의 세계화가 도래했고 가속화될 것이다."

프리드먼이 궁극적으로 이야기하려는 강조점은 바로 제3의 세계 및 제3의 세계화globalization 시대가 도래했고, 그 속도가 점점 빨라지고 있다는 것이다. 제1의 세계와 제1의 세계화가 시작된 것은 제국주의 시대이다. 당시의 권력자들은 자신의 권력을 이용하여 부를 축적하고, 군사력을 키워 다른 나라를 침략해서 속국으로 만들었다. 이 과정에서 힘을 가진 제국주의 국가의 문화가 속국에 전파되고 왕래가 이루어졌다. 이것이 바로 우리가 익히 알고 있는 제1의 세계화이다.

2단계의 세계화는 그 주체가 기업이다. 시스코와 같은 회사나 IBM, GE, 엑손Exxon과 같은 다국적 기업이 비즈니스를 위해 세계 여러 나라에 지사를 두고, 해당 국가에 부응하는 다양한 상업행위를 벌이는 과정에서 생겨난 변화이다. 제1의 세계화가 국가 단위로 이루어졌다면, 제2의 세계화는 기업 단위로 이루어졌던 것이다.

이제 제3의 세계화가 도래하고 있는데, 그 주체는 국가나 기업이 아니라 개인이다. '세계가 평평해졌다'라는 말은 국가나 기업

단위의 세계화가 아니라 진정한 평등사회를 꿈꾸는 개인이 세계화를 이룬다는 의미이다.

웹 2.0 시대의 도래

이제는 웹 1.0 시대를 넘어 웹 2.0 시대이다. 웹 1.0 시대에는 기업이나 개인이 웹 사이트를 통해 원하는 정보를 포스팅하거나 전자 상거래가 이루어졌다. 즉 개인과 개인의 상호작용interaction이 중심이었으며, 이 상호작용을 위한 업무가 주로 이루어진 시기였다.

이에 반해 웹 2.0 시대는 세계를 더욱 평평하게 만들어주고 있다. 이제 개인과 개인의 상호작용이 주가 아니라 많은 사람들의 상호작용, 즉 멀티 액션multi action이 중요한 화두이다. 그 대표적인 사례가 소셜 네트워킹social networking이다. 즉 웹을 통해서 사람들은 같은 분야에 관심이 있는 사람들과 모여 서로 교류하며 하나의 공동체를 만들어간다. 이것이 바로 웹 2.0 시대의 시작이자 두드러진 특징 중의 하나이다. 국내에서 이런 현상이 가장 먼저 반영된 곳이 싸이월드이다. 세계적으로는 페이스북, 마이스페이스닷컴, 유튜브 등이 있다. 지금은 개인이나 기업 모두 웹 2.0을 기반으로 한 소셜 네트워킹과 협력collaboration을 통해 생산성을 향상시키고 있다.

기업인의 입장에서 보면 소셜 네트워킹은 개인의 라이프스타일을 바꾸어놓았을 뿐만 아니라 이를 통해 기업의 생산성도 폭발적으로 향상시켰다.

웹의 진화, 지금은 시작에 불과하다

이 과정을 하나로 묶어 생각해보자. 과거에 있었던 변화에 비해 지금 일어나고 있는 변화는 상당히 특이하다고 말할 수 있다. 과거의 변화는 그 주체가 국가든 기업이든, 분명 개인이 아닌 다른 주체가 변화를 시도했다. 예를 들어 증기기관이나 전기의 발명과 같이 누군가 선도적인 사람이 있어 무언가를 발명했다. 그리고 그게 제품이든 비즈니스 모델이든 시장에서 활성화되면 많은 사람들이 그것을 좇아가는 과정에서 패러다임의 변화가 일어났다. 다시 말해 변화의 주체는 다수의 개인이 아닌 뛰어난 두뇌를 가진 발명가든 국가든 기업이었다.

그러나 지금은 발명가나 국가나 기업이 변화를 주도하는 것이 아닌 유튜브와 같은 소셜 네트워킹을 통해 개인이 주도하고 있다. 그 바탕은 웹 2.0이다. 세계가 점점 평평해지고 있으며 변화의 주체는 바로 당신, 최종 소비자이다. 이제 개인은 소셜 네트워킹이나 웹 상의 여러 모임을 통해 라이프스타일의 변화를 주도하고 만족을 얻는다. 사람을 만나고 서로 영향을 끼치며 알릴 수 있는 기회를 확대하기에 이르렀고, 심지어 기업도 이런 변화를 받아들이고 동참하고 있다. 실제로 웹 2.0의 다양한 협업기술collaboration technology을 통해 기업은 생산성을 향상시키고 있다. 하지만 이런 기업의 변화는 시작에 불과할 뿐 앞으로 더욱 가속화될 것이다.

이와 같이 정보기술information technology 또는 네트워크 기술network technology을 기반으로 하는 아이디어가 적용되는 범위는 점점 확대

되고 있다. 예를 들어 도시를 재건축하는 과정을 살펴보자. 흔히 그 과정을 도시화urbanization 또는 디지털 시티digital city, 공동도시 개발collective urban development이라고 칭한다. 과거의 경우 도시를 개발한다고 하면 우선 막대한 토목공사를 벌였다. 땅을 파고 강을 만들고 도로를 만들었던 것이다. 그다음에 전기가 들어가고 각종 시설이 자리를 잡았다. 그리고 마지막으로 들어가는 것이 컴퓨터였다. 또 인터넷이 필요하니까 통신선을 깔았다.

그런데 지금은 그 과정이 정반대가 되었다. 지금 새롭게 만들어지고 있는 도시는 정보통신기술을 기반으로, 거기서 어떤 서비스를 창출할 수 있는가를 생각한 다음에 도시를 짓기 시작한다. 이런 예는 중동지역에서 흔히 찾아볼 수 있다. 아랍에미리트와 사우디아라비아는 부유한 나라이다. 오일달러를 어마어마하게 보유하고 있고 모래도 많다. 그래서 이들 나라는 돈과 모래로 대표되기도 한다. 그런데 이들이 돈을 이용하여 모래밖에 없는 땅에 첨단도시를 건설하고 있다. 물론 외국 기업이 가진 기술력을 이용해서 말이다.

이처럼 현재 진행되고 있는 세계의 도시 건설은 정보통신기술을 기반으로 어떤 서비스를 창출할 것인가를 고려하고 그런 다음에 빌딩을 짓는다. 이런 최첨단 도시를 건설하는 과정에서 가장 먼저 하는 작업이 땅을 파거나 빌딩을 올리는 일이 아니라 정보통신기술을 고려한다는 점은 바로 변화의 주체가 개인이라는 의미와 일맥상통한다.

여러분과 같은 개인이 변화를 주도하고 있다는 사실이 놀랍지 않은가? 그 파급효과가 기업의 생산성 증대로 이어지고 있으며, 나아가 한 도시를 개발하거나 국가, 세계를 살리는 그런 중요한 과정에까지 이르고 있으니 말이다. 이것은 부풀려진 이야기가 아니다. 실제로 많은 기업인들이 경험하고 느끼는 부분으로 비즈니스 세계에서 평평해지고 있는 세상에 관한 진실이다.

업무에서 감지되는 변화의 속도

내가 근무하고 있는 시스코 역시 웹 2.0을 기반으로 업무를 처리하면서 생산성을 높이고 있으며, 이를 위한 다양한 솔루션solution을 갖추어놓고 있다.

그 구체적인 예로 위키피디아Wikipedia를 꼽을 수 있다. 위키피디아는 2001년 1월 15일에 만들어진 온라인 백과사전으로, 누구나 자유롭게 참여해 콘텐츠를 지속적으로 발전, 진화시켜나갈 수 있다. 시스코는 위키피디아와 유사한 개념의 위키즈Wikis라고 불리는 사내 협업 툴을 사용하고 있다. 회사에서 직원들에게 사용을 강요한 적도 없는데, 특히 R&DResearch&Development 팀의 엔지니어들을 중심으로 사용률이 가히 폭발적이다. 실제로 2008 회계연도 4/4분기(2008년 5~7월) 위키즈의 트랜잭션transaction은 2007 회계연도 1/4분기(2006년 8~10월)보다 무려 7배가 증가했다. 미국의 한 도시에서 인터넷 사용량이 절반가량 늘어나는 데 9년이 걸렸던 것과 비교할 때 불과 24개월 만에 이루어낸 위키즈의 성장은 실로 엄청난 결과로

간과하지 말아야 할 것이다.

한 가지 예를 더 들어보자. 얼마 전에 시스코에서는 웹엑스WebEx라는 회사를 인수했다. 그 회사는 웹 공간에서 미팅도 하고 회의도 하며 프레젠테이션도 할 수 있는 기능을 제공한다. 실제로 시스코에선 웹엑스의 기술을 적극 활용하고 있는데, 처음 도입하던 2008년 1월과 비교해 2008년 8월에는 사용자 수가 15배가 늘어났다. 사람이 직접 만나서야 이루어질 수 있었던 비즈니스 미팅이 이제 웹 공간에서 이루어지고 있으며, 그 증가율은 엄청난 속도로 상승하고 있다. 7개월 동안 웹엑스를 활용한 업무 처리량이 15배나 증가했다.

또한 시스코에는 유튜브와 비슷한 C-vision이라고 하는 네트워킹 사이트도 있다. 미국 최대의 무료 동영상 공유 사이트인 유튜브가

| 위키즈 |

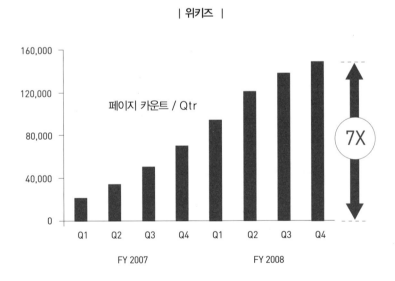

영상 클립을 업로드하거나 공유할 수 있듯, 직원들이 개인적인 것이든 업무와 관련된 것이든 자율적으로 동영상을 올려 서로 공유하는 사이트이다. 그 사용량 역시 기하급수적으로 증가하고 있다.

이와 같이 변화의 속도는 이제 몇 년을 따지는 시대가 아니다. 불과 몇 개월이면 변화가 이루어지고, 그 결과가 바로바로 나타난다.

시스코는 2억 달러를 투자하여 화상회의 시스템인 텔레프레전스Telepresence를 개발해서 세계 곳곳에 있는 지사에 공급했다. 2009년 2월 현재 123개 주요 도시의 270개 시스코 사무소에 이 시스템이 설치되어 있다. 이 시스템은 인터넷망을 통해 실제 상대방과 마주하고 있는 것과 같은 착각 속에서 화상회의를 진행할 수 있도록 지원해준다. 미국에 있는 사람과 한국에 있는 사람이 거리의 제약

| 웹엑스 |

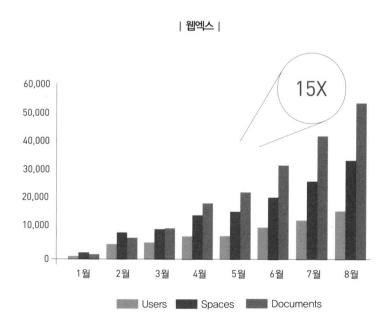

없이 대화도 하고 필요한 시각 자료를 공유할 수 있는 것이다.

만약 이 기술이 널리 상용화된다면 과거의 패러다임은 설 자리를 잃게 될 것이다. 예를 들어 먼 외딴섬에 살고 있는 사람은 병에 걸려도 당장 진단과 치료를 받을 수가 없다. 적절한 의료시설이나 의료진이 없기 때문이다. 대면 커뮤니케이션을 대신할 수 있는 고화질의 첨단 화상회의 시스템이 도입된다면 상황은 전혀 달라질 것이다. 의사가 서울에 있더라도 바로 옆에 있는 것처럼 진단해줄 수 있기 때문이다. 직접 수술은 못하겠지만 말이다.

지금까지 내가 한 이야기는 모두 웹 2.0에 관한 것이다. 중요한 것은 이것이 새로운 기술을 기반으로 하는 것이 아니라 기존에 있는 인터넷 프로토콜internet protocol을 근간으로 한다는 점이다. 이런 기술들이 더욱 발전해서 일상생활에 적용된다면 과거에 우리가 불가능하다고 생각했던 많은 일들이 현실이 될 것이다.

| 유튜브 |

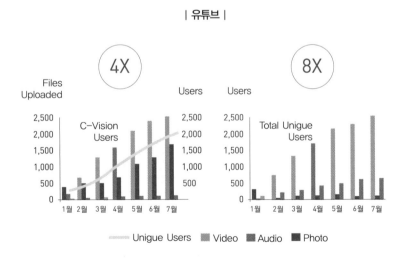

힘의 축이 아시아로 이동하고 있다

웹 2.0의 중요한 또 하나의 파급효과는 금전적인 측면을 비롯, 다방면에서 기업의 파워가 분산되거나 축이 이동한다는 사실이다. 예를 들어 과거에는 개발도상국가를 영문으로 developing country라고 표현했다. 하지만 지금은 저개발국가와 개발도상국가를 총칭하여 신흥국가emerging country라고 부른다. 점점 커진다는 의미로 'emerging country'라고 부르는 것이다.

그런데 이들 국가의 GDP를 모두 합하면 우리가 선진국이라 부르는 나라의 GDP를 훨씬 능가한다. 능가한 시점도 이미 2005년의 일이다. 이 같은 사실은 기업의 입장에서 보면, GDP를 기준으로 할 경우 충분히 성장 잠재력이 있다는 말이고, 따라서 과거와 같이 미국이나 유럽의 선진시장을 찾아가 사업을 해야 할 이유가 없다는 의미이다. 이에 선진국을 먼저 공략한다는 기존의 상식이 축소되고 상당 부분 방향 수정이 이루어지고 있다. 이런 현상이 나타나는 것도 그 저변에 세계 평준화라는 배경이 큰 자리를 차지하고 있다고 보아도 무방할 것이다.

타타TATA라는 인도 회사가 있다. 원래 이 회사는 용역회사로 기술인력을 제공해주고 수익을 냈다. 과거 인도의 인건비는 굉장히 쌌다. 타타는 이 싼 인건비를 이용해서 각 기업이 필요로 하는 정보 시스템을 기획하고 개발하며 구축과 운영까지 해주는 이른바 시스템 통합 비즈니스를 주로 수행했다. 이 과정에서 타타는 거의 알려지지 않은 인도의 작은 기업가 가문에서 인도의 산업 발전을 주도하는 제철소, 수력발전소 등을 소유한 대기업으로 성장했다. 뿐만 아니라 세계에서 돈이 가장 많은 회사 중 하나로 손꼽히는 수준에까지 이르렀다.

릴라이언스 인더스트리Reliance Industries는 인도의 통신회사이다. 이 회사의 회장인 디루바이 암바니Dhirubhai H. Ambani는 빌 게이츠Bill Gates보다 1.5배나 많은 재산을 가지고 있다. 세계적인 불황으로 지금은 순위가 변했을 가능성도 있지만, 인도는 물론 세계시장에서 여전히 영향력을 발휘하는 회사임에 틀림없다.

두 회사 모두 인도에서 특정 분야의 사업을 하던 회사였으나 지금은 사업 범위가 매우 다양해졌다. 자동차 생산뿐만 아니라 용역, SI, 가전 등 다양한 분야에서 활동하고 있다. 또 이들 기업의 특징은 인도만을 자신들의 활동무대라고 생각하지 않는다는 점이다. 점점 세계로 나아가려는 노력을 많이 하고 있다.

'BRIC'과 'Non-BRIC'이라는 말이 있는데, 이는 신흥국가를 지칭하는 표현이다. BRIC은 브라질, 러시아, 인도, 중국의 영문 표기 첫 글자를 따서 표현한 것이고, Non-BRIC은 이들 국가를 제외한 나머지 신흥국가들을 일컫는다. 〈포천〉에서는 매년 500대 기업을 선정하는데, 이들 기업 중에서 BRIC과 Non-BRIC 국가 소재의 회사 수는 2000년 20개 정도였다. 하지만 2007년에는 무려 60개가 넘는 기업이 500대 기업 명단에 이름을 올렸다.

이는 세계화라는 개념을 넘어 '세계는 평평하다'라는 개념하에서, 선진국에 속한 기업이 아니더라도 성장이 가능하다는 잠재력을 보여주는 의미 있는 결과치이다. 쉽게 말해 이제는 지난 세기 유명했던 기업이 앞으로도 그 명성을 지속할 것이라고 그 누구도 자신할 수 없다는 것이다. 즉 〈포천〉 500대 기업 리스트에 앞으로 전혀 모르는 기업이 언제든지 더 많이 진출할 수 있다. 이미 세계인들에게 이름조차 생소했던 60여 개의 기업이 그랬던 것처럼 말이다. 이런 상황 속에서 2007년 〈포천〉 500대 기업에 속한 기업 수를 기준으로, 미국이 1위였고 중국은 10퍼센트 수준에 그쳤다면 2050년에는 전혀 다른 결과가 나올 것이라고 예측하고 있다. 중국이 미국을 월등하게 앞설 것이며, 미국과 인도의 차이는 거의 없을 것이라는 전망이 설득력을 갖기 시작한 것이다.

솔직히 말하면 과거 우리가 선진국이라 부르던 나라의 기업은 이 리스트에 이름을 올리지 못할 확률이 높다. 그 주된 원인은 노령화이다. 선진국은 인구는 많아지고 있지만 평균 연령 또한 함께 증가하고 있다. 더 중요한 것은 젊은이들이 순수과학이나 기술 관

| 뉴 챔피언 |

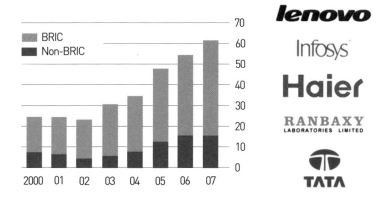

련 학문을 기피한다는 사실이다. 왜냐하면 선진국 대부분의 산업 구조가 3차 산업, 즉 서비스 산업 위주로 바뀌고 있기 때문이다. 이들은 월스트리트에 있는 금융회사를 선호하며 그다음이 서비스 업종이다. 다시 말해 선진국은 인구는 점점 노령화되고 젊은 층은 서비스 업종에 집중하면서 기술이나 과학 분야의 공부를 소홀히 함으로써 미래 전망이 밝을 수 없다는 것이다.

반면에 인도의 경우는 상황이 정반대이다. 인도에서는 1년에 60만 명 정도의 젊은이가 대학을 졸업한다. 그중에서 80퍼센트 이상이 엔지니어나 순수과학을 공부한 사람들이다. 인도의 고민은 어마어마하게 쏟아지는 이 우수한 인재들을 어디에 써야 할지 모른다는 사실이다. 선진국과는 다른 행복한 고민을 하고 있는 것이다. 많은 신흥국가에서는 지속적으로 젊은 층이 증가하고 있으며, 기술이나 순수과학을 공부하려는 젊은이들 역시 늘어나고 있다. 이런 현상만을 놓고 볼 때 앞으로 신흥국가들이 급속히 성장하고 선진국들은 생산성의 정체로 순위가 바뀔 거라는 가정은 상당 부분 근거가 있다.

이런 현상은 분명 우리나라를 비롯한 아시아 국가에는 기회라고 볼 수 있다. 세계의 지각구도 역시 서양에서 동양으로 옮겨지고 있으니 그 개연성이 더 높다. 그런데 문제는 우리나라의 위치이다. 2007년을 기준으로 우리나라는 GDP 기준 세계 13위 정도의 경제력을 가지고 있는데, 앞으로 이 순위가 내려갈 가능성이 높다. 아시아 국가들에게는 기회인데, 우리나라의 순위가 더 떨어진다는 것은 무슨 의미일까? 이 질문에 수긍이 안 갈지도 모르겠

다. 굉장히 많은 기회가 아시아로 몰려오고 있다는데 무슨 말을
하고 있는 것인가?

불과 몇 년 전만 해도 우리나라는 인터넷을 기반으로 한 브로드
밴드의 보급률이 세계 1위였다. 개인이든 정부기관이든 민간기관
이든 인터넷을 보급하고 활용하는 데 가장 앞선 국가였다. 인터넷
을 활성화시키려는 국가들에게 우리나라는 닮고 싶은 모델이었
고, 실제로 우리의 시스템을 벤치마킹하는 국가들이 줄을 섰다.
우리나라만큼 농촌이든 어촌이든 지역에 관계없이 인터넷이 보편
화된 나라가 없었기 때문이다. 그 덕분에 웹을 기반으로 한 창의
적인 활동이 많이 일어났다. 앞에서 말한 바와 같이 싸이월드가
그 대표적인 예일 것이다.

그런데 2년이 지난 지금 우리는 당시와 똑같은 상황에 머물러

| 세계 경제 Top 10 |

1820	2007	2050
중국 28.7%	미국 21.1%	중국 25.4%
인도 16.0%	중국 10.8%	미국 19.7%
프랑스 5.4%	일본 6.5%	인도 17.4%
영국 5.2%	인도 4.7%	브라질 5.1%
프로이센 4.9%	독일 4.2%	일본 3.7%
일본 3.1%	러시아 3.2%	러시아 3.4%
오스트리아 1.9%	프랑스 3.1%	멕시코 3.4%
스페인 1.9%	영국 3.1%	인도네시아 3.4%
미국 1.8%	브라질 2.8%	독일 2.8%
러시아 1.7%	이탈리아 2.7%	영국 2.8%
한국 0.9%	한국 1.8% (#13)	한국 1.6% (#15)

있다. 더 이상 변화도 발전도 없는 정체상태가 지속되고 있는 것이다. 오늘날 페이스북이나 마이스페이스라고 하는 세계 1위 소셜네트워킹 사이트가 출현하는 동안 싸이월드는 그대로 머물러 있었다. 싸이월드보다 2년 정도 늦게 출발한 페이스북에서는 지금 1억 3,000만 명의 세계인들이 활동하고 있다.

창의적인 측면에서나 인프라 면에서 훨씬 앞섰던 우리나라가 이제는 점점 뒤처지고 있다. 세계적인 추세가 달라지고 있다는 사실을 국가나 기업 모두 알고 있는데도 제자리걸음을 하고 있으니 문제가 더욱 심각하다. 그렇다고 선진국과 마찬가지로 우리나라에서도 노령화가 빠른 속도로 진행되고 있는가? 물론 노령화가 일어나고 있는 것은 사실이지만 선진국들처럼 심각한 상황은 아니다. 더욱이 우리나라의 대학에서는 많은 젊은이들이 과학과 기술 공부에 열을 올리고 있기도 하다.

변화의 시대에 필요한 세 가지 자세

인터넷 탄생 이후 웹은 많은 사람들을 통해 발전해왔다. 인터넷 검색이나 콘텐츠 수집 분야에서 초기에 가장 많이 이용한 것은 야후YAHOO였다. 그 뒤를 이어 다음DAUM과 네이버NAVER도 각광을 받았다. 또한 컴퓨터 게임 분야도 많은 발전이 있었다. 온라인 게임 역시 초기엔 넥슨, 엔씨소프트 같은 곳에서 다양한 프로그램을 개발했고 선전했다. 그 외에도 E-commerce, 싸이월드, 네이트 등과 같은 선발주자인 소셜 네트워킹도 있었다. 그동안 이런 웹 관련 선발주자는 한국인이 많았다. 그런데 현재 시점에서 이를 세계화하여 거대시장에서 금전적 이익을 얻는 사람 중에 안타깝게도 한국인은 없다. 불과 2~3년을 차이로 인터넷 관련 업계에서 한국인의 이름을 찾아볼 수 없게 된 것이다.

왜 이런 현상이 일어나게 되었을까? 바로 이 부분이 내가 가장 강조하고 싶은 이야기의 핵심 포인트이다. 우리나라가 세계시장에서 뒤처지고 있는 진짜 이유는 무엇이며, 앞으로 세계 13위 경제국의 자리도 내놓아야 할지 모르는 위기에 직면하게 된 이유가 무엇이고 그것을 극복하려면 어떻게 해야 할까?

| 시장 개척 기업 vs. 대중 시장 형성 기업 |

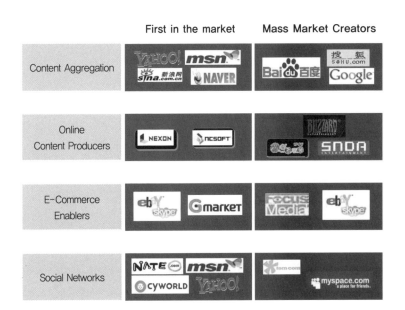

첫째, 협력해야 한다.

그것은 바로 한국시장에 대한 집착 때문이었다. 가장 중요한 협력의 자세가 부족했다는 점을 인정해야 할 것이다. 초기 인터넷 관련 업계를 이끌던 창의력이 세계화되지 못한 것은 혼자 다 할 수 있다는 편협한 생각 때문이었다. 웹을 통해 신규 마켓을 개발한 사람들 역시 다른 글로벌 플레이어global player와 협력한 것이 아니라 혼자 하겠다고 생각한 것이다. 또 국제적인 문제에 대해서는 관심이 없고 국내만 생각한 것도 더 이상 뻗어나가지 못하고 정체된 원인이었다.

만약 싸이월드가 개발되고 1~2년 후에 인터내셔널 버전을 만들었다면 어떤 일이 일어났을까? 웹에는 경계가 없다. 싸이월드를 영문화하는 등 국제적인 감각을 가지고 조금만 더 마케팅에 힘을 쏟았더라면 기업은 물론 국가적인 측면에서도 엄청난 파급효과가 있었을 것이다. 물론 국내에서 성공하는 것도 굉장한 것이지만, 오늘날의 대한민국 젊은이들은 머리와 가슴으로 선배들이 못 이루어낸 세계화의 꿈을 이루어낼 수 있길 바란다. 웹 상이든 그렇지 않든 세계화는 이미 대세이다. 그런 만큼 자신을 국내시장에 가두어두지 말라는 당부를 하고 싶다.

둘째, 이노베이션만이 살길이다.

한국인의 부족한 자질 중에 이노베이션을 이야기하지 않을 수 없다. 소니Sony에서 개발한 플레이 스테이션Play Station과 마이크로소프트의 엑스박스Xbox를 알고 있을 것이다. 이들은 매우 대중화된 게임도구이다. 물론 게임만 할 수 있는 것은 아니다. 그 밖에 여러 가지 기능들을 포함하고 있다. 한동안 이들 제품은 소비자들로부터 엄청난 사랑을 받았지만 그 성공가도는 오래가지 못했다. 어이없게도 조금은 단순한 닌텐도Nintendo에 밀린 것이다. 여기서 이노베이션의 진정한 의미에 대해 다시 한 번 생각해보자.

예를 들어 고도의 기술을 이용하여 아주 독특한 제품을 만들었다고 하자. 남들이 흉내조차 내기 어려운 제품을 말이다. 기술혁신이란 이처럼 아주 독점적이고 고유한 특성을 가진 제품을 만드는 것을 의미했다. 다시 말해 지금까지는 고도의 기술력을 이용하여 타인이나 타 회사의 도전을 방어할 수 있는 차별화된 제품을 만들어내 시장을 형성하는 것이 혁신의 핵심요소였다

하지만 이제는 닌텐도의 예에서 알 수 있듯 그런 방식의 이노베이션은 더 이상 의미가 없다. 웹 2.0 시대, 다시 말해서 평평한 세계에서는 시장의 소비자들이 무엇을 필요로 하는지 빨리 파악해서 거기에 부응하는 것이 진정한 혁신이다. 물론 당연히 기술력의 뒷받침이 있어야 한다.

다시 한 번 닌텐도 이야기를 하면, '피트Fit'라고 불리는 제품이 있다. 누구나 쉽게 접할 수 있고 재미있게 사용할 수 있는 제품이다. 내가 보기에는 복잡하지만, 마니아의 입장에서 보면 뭐 저런 게 닌텐도 게임이냐고 말할 수도 있을 것이다. 그런데 중요한 것은 마니아의 비율은 전체 인구 중 5퍼센트도 안 된다는 사실이다. 따라서 제품을 세계화하기 위해서는 마니아만이 아닌 더 큰 시장의 수요가 무엇인지 아는 것이 중요하다. 즉 고강도의 혁신도 중

요하지만, 그 혁신이 시장화되지 못했을 때는 아무런 의미도 가치도 없다는 뜻이다.

셋째, 민첩성을 갖추어야 한다.

세계는 무척 빠른 속도로 변하고 있다. 소비자의 취미나 취향 역시 빨리 바뀐다. 자라ZARA라는 의류회사가 있다. 이 회사가 놀라운 속도로 빠르게 성장하고 수익을 낼 수 있었던 이유는 바로 민첩성 때문이었다. 디자인이 좋은 것도 아니고 명품 브랜드도 아닌 이 회사의 민첩성은 그야말로 세계적인 수준이었다. 예를 들어 어떤 제품이 괜찮다 싶으면, 이 회사에서 그것을 상품화하여 시장으로 내보내는 데 걸리는 시간이 겨우 2주밖에 되지 않았다. 대부분의 회사가 어떤 제품을 개발하여 상품화하는 데 걸리는 시간이 6~7개월이라는 점을 고려하면 대단히 빠른 추진력이었다.

이 회사에서는 매년 1만 개 이상의 새로운 디자인을 출시한다. 이는 소비자의 요구를 파악하고 그것에 적응하는 시간이 상당히 빠르다는 사실을 의미한다. 이 회사의 고객은 주로 젊은 층인데 이런 방식의 경쟁력에 대항할 수 없다면 결국 어느 회사라도 자라와 경쟁이 되지 않는다는 말이다.

지금 우리는 웹 2.0 시대에 살고 있다. 나는 우리나라의 우수한 영재들이 좋은 기술력과 지적 기반inteligent base을 갖추고도 아직도 제자리걸음을 하는 이유는 협력, 혁신, 민첩성이라는 세 가지 자질을 제대로 갖추지 못했기 때문이라고 생각한다. 사실 우리가 가진 환경은 아주 좋은데 말이다.

위기는 기회라는 말을 품고 있다

바로 앞에 아슬아슬한 절벽이 있다고 가정해보자. 이 절벽에 서 있는 사람의 시야가 절벽 밑이라면, 곧 위험한 부분만 보고 있다면 공포감을 느끼게 될 것이다. '떨어지면 죽겠다, 조심해야겠다' 라는 생각만 들기 마련이다. 그런데 시야를 조금만 돌리면 상황이 달라진다. 절벽 반대편에 있는 봉우리가 눈에 들어올 것이고, 그 봉우리의 웅장한 모습에 감탄하게 될 것이다. 그런데 이런 시야를 갖추기란 쉬운 일이 아니다. 더욱이 절벽 끝에 서 있는 사람이라면 말이다. 봉우리의 다른 측면을 볼 수 있는 사람은 한 발 물러나 있는 사람, 외부에 시선을 두는 사람, 위를 보는 사람뿐이다. 그들에게는 반드시 기회가 온다.

위기가 닥쳤을 때 대부분의 경우 큰일 났다고만 생각한다. 조금 바꾸어 생각해보면 꼭 나쁜 것이 아닌데도 부정적인 생각으로 가득 찬다. 한문으로 '위기危機'라는 말에는 위험하다는 의미만이 아니라 기회機會라는 뜻도 들어 있다. 이처럼 우리 선조들은 위기의 의미를 정확하게 파악하고 있었기에 미래를 보는 눈이 있었다.

우량 기업들은 대부분 위기를 극복하는 과정에서 기회를 잡아 성장했다. 〈포천〉 500대 기업은, 지금은 지각구도가 변하고는 있지만, 절벽에서 낭떠러지를 보지 않고 위를 보고 달려가는 기업들이었다는 이야기이다. 물론 이들 기업이 그 자리를 계속 지킬 것이라는 보장은 없다. 자칫하면 밀려날 수도 있다. 그렇다면 기업이 가장 필요로 하는 것은 무엇일까? 바로 인재이다. 개인적인 관점에서 볼 때 우리나라나 아시아의 여러 국가는 과학과 기술에 특히 관심이 많다.

지금 세계적으로 위기를 맞고 있다. 그리고 이 위기는 바로 금융권에서 일어났다. 서비스 관련 분야에서 일어난 위기가 실물경제에까지 영향을 미치는 것을 우리는 목격하고 있다. 많은 사람들이 서비스 산업이 미래 산업이 아니라고 주장하는 이유도 바로 이러한 맥락이다.

그래서 다시 '기본으로 돌아가자Back to the basic'라는 말이 나오게 된 것이며 그게 정답이다. 결국 지금이 위기라면 기회가 있다는 말도 명심하라. 이 기회를 이용하여 과학과 기술을 기반으로 하는 산업을 육성한다면 위기를 극복하는 것은 물론 앞으로 나아가는 데 좋은 반전의 기회가 되리라 믿어 의심치 않는다.

| 강성욱의 경영노트 |

1. 변화에 적극 동참하라.
2. 과거에 안주하지 말고 진취적으로 행동하라.
3. 신의를 지켜라 – 본인의 말에 책임을 저라.
4. 항상 반응하라 – 문제를 방관하지 말라.
5. 매사에 적극적이 되어라 – 공격이 최고의 방어이다.

CEO
생생 토크

01_ 급변하는 세계화 시대에는 협력, 파트너십, 이노베이션, 민첩성 등
이 필요하다고 하셨는데, 우리나라 기업이 세계로 뻗어나가는 데 있어 가장
부족한 면은 어떤 것인지 궁금합니다. 또 젊은이들에게 부족한 것이 있다면
무엇일까요?

모든 기업이 그렇다는 말은 아닙니다. 다만 우리 기업이 그동안
국내시장에 너무 집착한 것 같다는 생각을 합니다. 한국 사람이기
때문에 한국 시장을 중요하게 생각하는 것이겠지만, 여기에 집착
하는 것은 올바르지 않다고 생각합니다. 저는 개인적으로 우리의
역사를 봐도 도전과는 거리가 멀지 않았나 하는 생각이 듭니다.
우리는 역사적으로 수많은 외세의 침공을 받으면서도 우리가 적
극적으로 세계화하겠다는 생각을 하지 못했습니다. 그 당시의 세
계화란 로마가 어디를 정복했다는 것과 같은 좋은 의미는 아니었

지만, 좀더 도전적으로 또 다른 곳까지 영역을 펼쳐 도전해본 역사가 별로 없었습니다. 하지만 앞으로는 적극적으로 세계로 진출하는 것이 바람직하고 또 그래야만 합니다.

그리고 언어 문제도 중요합니다. 외국어, 특히 영어는 국제화 시대를 살아가는 사람들이라면 반드시 극복해야 할 문제입니다. 영어를 잘하느냐 못하느냐는 중요하지 않지만, 그것이 자신의 약점으로 느끼는 것 자체가 문제라는 것입니다. 그러니 외국어라는 약점을 극복하고 자신감을 얻을 수 있다면 더할 나위 없겠지요. 이를 기반으로 세계를 바라보는 시선이나 태도 등을 배우고 성장시키면서 잘못된 점을 고쳐가는 것이 훨씬 더 중요하니까요.

02_ 최고의 IT 기업에서 일을 하신 적도 있고 지금은 또 최고의 기업인 시스코를 이끌고 계시는데요, 그렇다면 강 대표님의 경쟁력은 무엇입니까?

저는 위기관리를 잘하는 것 같습니다. 남들이 하지 않으려는 일이나 힘들다고 생각하는 일을 자청해서 처리했고, 결국은 상황을 반전시키는 결과를 많이 얻었지요. 물론 모든 것이 제 능력이 아니라 운도 많이 작용했습니다. 젊은 시절에는 실패하면 어쩌지 하는 생각보다 한번 해보자 마음먹는 것이 좋다고 생각합니다. 적어도 저는 실패를 두려워하지 않았고, 이런 생각 때문에 시행착오를 통해 많은 것을 배울 수 있었습니다.

기업의 경영자들은 안정적이고 자신의 일만 하는 직원을 원하지 않습니다. 시스코 또한 마찬가지인데, 우리가 필요로 하는 인재상 역시 창의적이고 일상적인 생각에서 벗어난 조금은 독특한 사고를 하는 사람입니다. 그리고 진실하고 거만하지 않으며 다른 사람을 포용해서 협력할 수 있는 사람입니다. 시스코에서는 가장 바람직한 리더의 모습을 C-lead라고 합니다. C, L, E, A, D, 그러니까 C는 협력Collaboration, L은 학습Learning, E는 실행Execution, A는 추진력Accelerate, D는 파괴적Distructive이라는 의미입니다. 결국 창의적인 생각을 가지고 기존 사고의 틀에서 벗어난 사람을 원하는 것이지요. 요즘에는 어떤 기업이든 이러한 사람을 원할 것입니다.

PART · 3

휴먼 캐피털 경영

직원이 최고의 브랜드이다

직원을 최고로 여기는 FedEx에서 배우는 경영전략

채은미 (蔡恩美, Eun Mi Chae) FedEx 코리아 지사장

1991	FedEx 코리아 고객관리부 부장
1995	FedEx 한국과 서일본지역 고객관리부 총괄 부서장
1997	FedEx 아시아 태평양 지역 우수 매니저상
2000	FedEx 코리아 지상운영부 이사
2004	FedEx 북태평양지역 인사관리담당 상무이사
2006	FedEx 코리아 지사장
	대한상공회의소 물류위원회 부위원장
	주한 미국상공회의소 Board of Governor
2001 · 2003 · 2008	FedEx 파이브스타상

국내 최초, 최연소 외국계 특송기업 여성 CEO

670여 대의 항공기를 보유한 세계 최대 물류업체 FedEx의 한국 지사장인 채은미 CEO. 1998년 국내항공사 최연소(28세) 부장 승진을 시작으로 2004년 한국인 최초로 FedEx 북태평양 인사부 총괄 상무로 승진, 그리고 외국계 특송업계 최초의 한국인 여성 지사장이 되었다. 그가 여성 최초로 신임 지사장에 오를 수 있었던 것은 사람을 최우선으로 두는 FedEx의 '피플 퍼스트People First' 정책을 통한 참된 직원 중심의 경영을 펼쳤기 때문이다. 채은미 CEO는 고객에 대한 배려가 필요한 서비스업인 운송사업에서 부드러우면서도 세심한 여성의 장점과 여성 특유의 '배려하는 리더십'으로 기업경영에 앞장서고 있다.

직원이 만족하면 고객도 감동한다

그는 기업의 가장 중요한 이해관계자는 바로 임직원이라고 말한다. 직원이 바로 기업 홍보대사이며 브랜드 그 자체라는 것이다. 기업이 임직원에게 최고의 대우를 해주고 일하기 좋은 근무환경을 만들어줄 때, 직원은 충성심을 가지고 기업을 위해 최고의 서비스를 창출하여 고객을 만족시킨다. 직원의 행복이 기업의 이윤을 창출해내는 것이다. 창립 35년 동안 FedEx를 세계적인 기업으로 만들어낸 원동력인 사람 중심의 운영철학, 높은 직원 충성도와 3~4퍼센트의 낮은 이직률을 자랑하는 FedEx만의 직원 중심의 경영비법을 들어보자.

대한민국 물류업계에서 가장 주목받는 여성, CEO 채은미의 어릴 적 꿈은 세계를 무대로 뛰는 비즈니스맨이었다. 항공사에서 처음 사회생활을 시작해 앞만 보고 달려온 그는 지금 자신의 소망대로 세계 최대의 항공특송회사 FedEx의 한국 지사장이 되었다. 그를 움직이는 경영철학은 바로 직원중심 경영이다. 직원이 회사에 만족해야만 고객에게 최상의 서비스를 제공할 수 있고, 그에 따라 더 큰 이윤도 창출할 수 있다는 것이다. 한국을 아시아 물류시장의 허브로 만들고 싶다는 CEO 채은미. 그가 펼치고 있는 직원과 함께하는 최고의 브랜드 전략을 살펴보자.

'임직원이 최고의 브랜드이며 홍보사절이다Employee as brand ambassadors.'

최근 들어 기업에서 브랜드를 매우 강조하고 있다. 보통 브랜드라고 하면 일반 고객들한테 기업의 브랜드를 어떻게 관리할까에 치중한다. 그런데 FedEx는 직원을 통해 우리의 브랜드를 관리한다.

기업에는 이해관계자stakeholder가 있기 마련이다. 이해관계자라고 하면 직원, 소비자, 주주, 정부, 시민단체와 같이 개인과 기관, 단체 등이 모두 해당한다.

기업이 이들 이해관계자 가운데 가장 중요하게 생각하는 것은 기업의 매출과 직결되는 소비자이다. 그래서 기업은 각종 프로그램을 활용하여 소비자에게 기업의 브랜드를 알린다. 정부와 시민

단체와 같은 이해관계자와 관계를 제대로 유지하지 못하면 기업 활동에 제한을 받을 수 있으므로 적극적으로 관리한다.

이처럼 이해관계자를 관리하는 것은 기업이 이익을 증대하고 기업의 가치를 높이기 위한 것이므로, 앞에서 소개한 이해관계자와 원만한 관계가 유지된다면 주주와의 관계도 원만할 수 있다. 이것이 대부분의 기업에서 이해관계자와 좋은 관계를 유지하는 방법이다. 그런데 정작 가장 가까운 이해관계자인 직원에 대해서는 소홀하게 생각하는 기업이 많다. 직원은 기업이 생존할 수 있는 원초적인 힘을 가진 가장 중요한 이해관계자인데도 말이다.

기업의 가장 중요한 이해관계자는 임직원

FedEx는 직원을 가장 중요한 이해관계자라 생각하고 있다. 이미 알고 있겠지만 우리 회사는 항공특송업체이다. 따라서 직원 한 사람 한 사람이 고객과 직접 대면을 한다. 이때 직원이 고객에게 보여주는 얼굴 표정이나 태도, 말투, 복장 상태, 고객 불평에 대한 반응, 차량 상태 등이 모두 기업 이미지와 연결된다. 또 우리 회사가 추구하는 기업 이미지를 가장 빠르고 정확하게 전달할 수 있는 사람 또한 직원이다. 따라서 우리 회사에서는 직원이 최고의 브랜드가 될 수밖에 없었고 결과적으로 이들을 통해 고객에게 최고의 서비스를 제공할 수 있었다.

우리 회사에서는 직원을 최고의 브랜드로 만들기 위해 다양한 프로그램을 시행하고 있다. 아울러 직원 스스로도 자신이 우리 회사의 최고 브랜드라는 사실을 부정하지 않고, 직원 중심의 경영을 실천하는 회사를 믿으며 만족하고 있다. 이런 대우를 받는 직원이 소비자에게 최고의 서비스를 제공하지 않을 수 없을 것이다. 자신이 근무하는 회사의 최고 브랜드가 바로 자신이라는 것보다 더 좋은 근무환경도 없을 것이다.

브랜드 관리를 어떻게 할 것인가

그렇다면 FedEx에서는 가장 중요한 브랜드인 직원을 어떻게 관리하고 있을까? 그 출발점은 우리 회사의 경영철학이다. 그렇다고 다른 이해관계자를 소홀하게 생각한다는 것은 아니니 오해가 없기를 바란다. 우리 회사의 경영철학은 People, 바로 직원에서 출발한다. 최고의 브랜드인 직원을 효율적으로 관리하고 소비자, 주주, 정부, 시민단체와 같은 외부 이해관계자의 협조도 구하기 위해 우리는 외부인과 내부인이라는 두 타깃을 만들어 별도로 관리하고 있다.

만일 여러분이 어떤 회사에 취직을 한다고 해보자. 그러면 여러분이 반드시 알아야 할 사항이 있다. 바로 고용주가 생각하는 또는 가지고 있는 고용 브랜드employer brand에 대해서이다. 어떤 기업에 입사하고 싶다는 것은 그 기업의 이미지가 자신의 생각과 잘 맞아떨어졌다는 뜻이기도 하다. 그러므로 여러분이 이상적으로

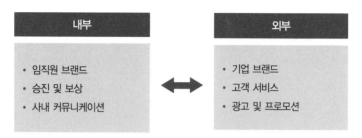

| 유기적 브랜드 관리 |

내부

- 임직원 브랜드
- 승진 및 보상
- 사내 커뮤니케이션

외부

- 기업 브랜드
- 고객 서비스
- 광고 및 프로모션

생각하는 기업에 입사하게 되면, 입사 후에 즐겁게 일을 할 것이고 최선을 다해 최고의 실적을 낼 수 있을 것이다. 물론 반대의 경우도 있을 수 있지만 말이다.

기업의 입장에서 보면 이런 직원이 많을수록 기업의 성과가 좋아지게 된다. 이런 선순환이 이루어질 때, 기업에서는 직원에게 포상을 해서 근로의욕을 더욱 고취시키는 것은 물론 더 좋은 근무환경을 만들어주기 위해 노력한다. 이와 같은 과정을 통해 커뮤니케이션, 다시 말해 직원과의 의사소통이 원활해지고 기업의 브랜드 가치를 공유하게 되며 더 나은 성과를 얻게 된다.

이러한 일련의 과정을 내부 브랜드 관리라고 한다. 그러나 우리 회사가 아무리 직원을 중요하게 생각한다 하더라도 외부인 관리를 소홀히 하는 것은 결코 아니다. 외부인 역시 기업경영에서 중요한 요소이기 때문이다. 그중에서 특히 소비자는 기업에 대한 브랜드 이미지를 가지고 있고, 이미지의 변화에 따라 기업의 매출에 직접적인 영향을 미치는 핵심적 요소이다.

따라서 소비자를 대상으로 하는 브랜드 관리의 기본 원칙은 브랜드 이미지를 관리하는 것이다. 외부인을 상대로 하는 브랜드 관리에서의 관건은 기업에 대한 브랜드 이미지를 제고하여 이미지 상승효과를 얻음으로써 홍보효과를 높이는 데 있다. 그렇게 하려면 우선 고객 서비스에 만전을 기하면서 일정 기간 주기적으로 피드백을 받으며 고객에게 서비스가 제대로 전달되었는지를 확인해야 한다. 또 신문이나 TV 등 언론매체에 이미지를 홍보함으로써 브랜드 관리를 할 수도 있다.

우리 회사의 브랜드 관리 전략을 살펴보면, 내부인을 대상으로 하는 것과 외부인을 대상으로 하는 것에 분명한 차이를 두고 있다. 직원 관리를 좀더 철저하고 적극적으로 하려면 내부인인 직원과 외부인인 소비자를 분리하여 전략과 전술을 짜는 방법이 가장 바람직하기 때문이다. 기업의 브랜드는 소비자에게만 중요한 것이 아니라 직원에게도 중요하며, 어느 한쪽도 소홀하지 않게 제대로 관리하는 것이 진정한 브랜드 관리라고 할 수 있다.

직원을 통한 브랜드 관리가 중요한 이유

대부분의 사람들은 외부인인 소비자를 타깃으로 하는 브랜드 관리가 더 중요하며, 그것도 제대로 하기 어렵다고 생각한다. 따라서 내부인과 외부인으로 나누어 브랜드 관리를 한다는 말에 고개를 갸우뚱할 것이다. 또 어떤 사람은 내부인, 즉 직원을 대상으로 브랜드 관리를 하는 것이 무의미하다고 생각할지도 모른다. 재정적 부담은 물론 많은 시간과 노력이 투입되어야 한다고 생각하기 때문이고, 만약 그럴 여유가 있으면 소비자에게 투자하라고 말할 것이다. 물론 이 말에 긍정적인 부분이 많은 것은 사실이다.

첫째, 고객충성도를 높여주는 회사의 브랜드 자체이기 때문

그렇다면 우리 회사가 직원을 타깃으로 브랜드 관리 전략을 꾸준히 추진하는 이유는 무엇일까? 실은 아주 쉬운 문제이다. 우리 회사는 다른 시각으로 직원을 평가했기 때문이다. 예를 들어 A라는 기업이 있다고 해보자. A라는 기업의 문화를 가장 잘 이해하고 있는 사람은 누구일까? 또 A라는 기업에서 생산하는 제품의 품질을 가장 정확하게 알고 있는 사람은 누구일까? 바로 직원일 것이다. 기업의 문화를 몸으로 느끼는 사람이 직원이며, 제품을 만드는 사람 또한 직원이기 때문이다. 즉 직원은 한 기업의 문화를 공유하면서 제품을 생산하고, 그것을 고객에게 전달하는 기업의 모든 것을 알고 있는 사람이다. 또 생산된 제품의 품질에 대해 가장 잘 알고 있기 때문에 고객에게 가장 적절한 서비스를 할 수 있다. 이들은 체화된 기업문화, 고객을 응대하면서 쌓은 고객경험customer experience, 고객과 교류를 통해 얻은 고객감동을 바탕으로 회사의 브랜드를 전하는 것이다. 따라서 직원이야말로 가장 중요한 회사의 브랜드 자체라고 할 수 있다. 또 하나, 소비자는 신문이나 TV 같은 매체를 통한 기업의 이미지보다는 직원과 접촉하면서 받은 감동으로 고객충성도가 생길 수 있고 더욱 높아질 수 있다.

기업에 있어 고객충성도customer royalty는 매우 중요한 요소이다.

결국 기업경영의 목표는 우선 고객의 숫자를 늘리는 것이고, 다음으로 고객충성도를 높여가는 것이며, 마지막으로 그 충성도를 유지하는 것이기 때문이다. 물론 그 충성도가 자녀에게까지 전달될 수 있다면 더욱 좋겠지만 말이다. 고객충성도가 얼마나 중요한지를 설명하기 위해 내 개인적인 경험을 소개하려 한다.

나는 A치약을 꾸준히 사용하고 있다. 그 치약으로 양치질을 하면 다른 치약을 쓸 때보다 훨씬 상쾌하고 뽀드득 소리가 날 정도로 개운하다. A치약에 대한 나의 고객충성도가 얼마나 높은가 하면, 어느 날 치약이 떨어져서 슈퍼마켓에 치약을 사러 갔다. 그런데 내가 찾는 A치약은 없고 그와 유사한 치약이 있었다. 만약 나의 고객충성도가 높지 않았다면 '어, A치약이 없네. 이번에는 B치약을 한번 써볼까'라며 B치약을 구입했을 것이다. 그러나 나는 A치약에 대한 고객충성도가 워낙 높아서 그렇게 하지 않고 슈퍼마켓 주인에게 물었다.

"A치약이 없는데, 언제쯤 들어오나요?"

"아, 지금은 다 떨어지고 없네요. 내일 이맘때나 들어올 겁니다."

"예, 알겠습니다."

주인의 말을 듣고 나는 조금도 망설이지 않고 슈퍼마켓에서 나왔다. 그리고 다음 날 가서 A치약을 구입했다. 이는 나에게 A치약에 대한 고객충성도가 있었기 때문에 가능한 일이었다. 만약 고객충성도가 낮았더라면 나는 B치약을 구입했을 것이다.

이처럼 한번 강하게 생긴 고객충성도는 상당히 단단하고 견고해서 쉽게 사라지지 않는다. 그래서 기업은 브랜드 관리를 통해 고객 충성도를 확보하고 높이려고 노력하는 것이다. 여기서 염두에 두어야 할 것은 고객충성도를 확보하는 것도 중요하지만 그것을 유지하는 것이 더욱 중요하며 서서히 고객충성도를 높여가야 한다는 사실이다.

둘째, 고객과 접촉하면서 회사 브랜드 이미지를 전달하기 때문

우리 회사는 이 과정을 가장 훌륭하고 성실하게 수행할 수 있는 사람으로 직원을 선택했다. 이렇게 가장 중요한 일을 할 사람으로 직원을 선택했는데, 어떻게 직원 중심의 경영을 하지 않을 수 있겠는가?

'직원들은 매일 소비자와 접촉하면서 회사의 브랜드 이미지를 소비자에게 전달한다Employees are carriers of the company brand during daily interactions.'

FedEx의 직원이라면 매일 고객을 만나야 한다. 그런데 그들의 말이나 행동과 같은 내적 이미지나 복장 등과 같은 외적 이미지에 문제가 있다면 아무리 사소한 것이라도 회사의 이미지에 영향을 미칠 수밖에 없다. 우리 회사는 삼성전자처럼 휴대폰이나 냉장고 같은 상품을 파는 회사가 아니라 직원의 서비스를 상품으로 파는 회사이다. 즉 고객을 응대하는 직원의 행동 하나하나가 회사의 상품이며 브랜드인 것이다. 따라서 직원이 곧 브랜드이고, 브랜드 관리의 시작은 직원이 될 수밖에 없다.

콜센터 직원은 전화 응대를 통해 회사의 이미지와 브랜드 가치를 고객에게 전달한다. 직접 배송을 하는 우리 회사의 업무 특성상 배송직 직원은 물품을 전달받고 전달해주기 위해 거의 매일 고객의 집이나 사무실을 방문한다. 그 자리에서 고객과 인사를 나누고 사인을 받고 물품을 전달하게 되는데, 이 과정에서 고객과의 상호작용이 일어난다. 상황에 따라서는 고객의 불평불만에 응대해야 하는 경우도 있을 것이고, 우리 회사가 자랑하는 정확성 때문에 칭찬을 들을 수도 있을 것이다. 만약 전자의 경우에 처했을 때 직원의 대응은 대단히 중요한데, 자칫 경솔한 행동을 보이면 고객을 놓칠 수도 있다.

물론 깨끗한 유니폼에, 깨끗한 차량을 이용하는 것은 이미지 관리를 위한 가장 기본적인 사항이다. 이처럼 직원은 고객과 직접 접촉을 하기 때문에 브랜드 이미지를 직접 전달하게 되며 기업의 브랜드 가치에 영향을 미치게도 된다. 따라서 우리 회사의 브랜드를 관리하는 것은 직원이며 그 결과를 얻는 것도 직원이다. 다시 말해서 직원이 브랜드 관리의 시작이자 끝이며, 직원은 대단히 중요한 기업 이미지의 메신저라고 볼 수 있다.

기업간 경쟁이 치열해지면서 고객은 선택의 폭이 넓어졌다. 물론 기업의 입장에서는 경영환경이 더 어려워졌다는 것을 의미한다. 말 그대로 기업은 더욱 치열한 경쟁의 정글로 들어가야 한다. 이런 와중에서 기업의 브랜드 이미지 관리는 매우 중요하다. 우리 회사와 같이 직원과 고객이 직접 접촉하는 회사에서는 직원을 활용한 브랜드 관리가 더욱 중요하다고 할 수 있다.

브랜드 관리를 위한 회사와 직원의 소통

앞에서 나는 직원과 의사소통을 하면서 직원에게 브랜드 관리를 한다고 말했다. 이번에는 우리 회사에서 어떤 방법을 동원하여 직원들에게 기업의 브랜드 이미지를 전달하는지 소개하려 한다. 여러분이 우리 회사의 직원이라고 생각하면서 이 책을 읽는다면 더욱 이해하기 쉬울 것이다.

첫째, 회사의 브랜드 이미지를 간단명료하게 전달한다.

회사는 직원을 중요한 자산이자 브랜드로 생각하며, 기업의 브랜드 이미지를 고객에게 잘 전달해주기를 바란다. 이런 취지에서 회사는 당신에게 심플하면서도 간결하고 명료한 일관된 메시지를 전달할 것이다. 당신이 영업직원이든 마케팅 부서의 직원이든 혹은 배송 직원이든 콜센터 직원이든 기업의 이미지, 즉 기업의 좋은 이미지를 전달받는다. 그러면 당신은 회사로부터 받은 좋은 이미지를 고객에게 그대로 전달해준다. 이것이 바로 회사와 직원 간에 이루어지는 의사소통의 기본 원칙이다.

둘째, 경영진이 먼저 모범을 보인다.

우리 회사가 직원에게 회사의 메시지를 전달하는 과정에서 중요하게 생각하는 것은 경영진이 모범을 보여야 한다는 것이다. 그래서 도입한 것이 'walk the talk'라는 개념이다. 이는 말한 것을 실천한다는 의미, 즉 언행일치를 뜻한다. 경영진은 직원들에게 모범이 되어야 한다는 의미이다.

이 과정의 모든 결과는 인사고과에 반영된다. 회사에 들어가면 1년에 한 번 혹은 두 번씩 인사고과를 받는데, 그 결과에 따라 직원은 승진이 되기도 하고 임금 인상의 폭이 달라진다. 이처럼 직원에게 인사고과는 매우 중요하다. 여기까지는 어느 기업이나 마찬가지일 것이다.

셋째, 독자적인 상향 평가제도를 실시한다.

우리 회사에는 직원이 상급자를 평가하는 독특한 인사고과 방식이 있다. 상급자가 직원을 평가하는 것은 당연한 일이다. 하지만 우리 회사에서는 직원이 상급자를 1년에 한 번씩 그것도 아주 혹독하게 평가한다. 이는 상급자가 walk the talk라는 개념을 실천하고 있는지, 그래서 자신이 먼저 모범이 되고 있는지를 알아보기 위한 취지이다. 이 평가는 34문항의 설문을 통해 이루어지는데, 직원은 이 설문지에 자신의 생각을 반영하여 표기하고 그 결과는 상급자의 인사고과에 반영된다.

설문의 내용을 간단히 소개하면 다음과 같다.

3번 문항은 '나의 매니저는 나를 공정하게 대우해줍니다treat me with fairness'이다. 설문에 대한 선택항목으로는 매우 그렇다strongly agree, 그렇다agree, 종종 그렇다sometimes agree, 종종 그렇지 않다sometimes disagree, 그렇지 않다disagree, 매우 그렇지 않다strongly disagree 등이 있는데, 설문과 선택항목을 보면 평가가 상당히 혹독하다는 사실을 알 수 있을 것이다.

또 다른 문항은 '나의 상사는 나의 관심사를 경청해줍니다My manager is willing to listen to my concern'이다. 선택할 수 있는 항목은 앞의 경우와 마찬가지이다. 이보다 더 혹독하게 상급자를 평가하는 문항도 있다. 그것은 '나의 상사는 말하는 것과 언행이 일치합니다My manager's actions match with his words'이다.

1년에 한 번씩 이런 식의 평가를 받아야 하는 상급자는 자신의 말과 행동에 책임을 져야 하므로 매우 부담스러울 것이고 행동거지에 더욱 조심할 것이다. 우리 회사에서는 상급자가 직원을 평가하는 것처럼 1년에 한 번씩 직원들도 상급자를 평가하기 때문에 쌍방향 커뮤니케이션이 잘 이루어질 수밖에 없다. 하급직원이라고 일방적으로 하대하거나 무시하는 일이 없으며, 서로 존중하는 기업문화가 형성되어 있으므로 회사의 브랜드 이미지를 잘 키워나갈 수 있는 환경이 조성되어 있다.

남다른 경영철학, PSP

우리 회사가 브랜드 관리 전략을 수행하는 데 타사와 차별화될 수 있었던 것은 기업의 경영철학이 있었기 때문이다. 바로 PSPPeople-Service-Profit이다. 이것에 대해 간단하게 설명하면 직원People을 중심에 두고 직원이 만족할 만한 훌륭한 일터를 만들겠다는 뜻이다. 이에 만족한 직원들은 소비자에게 최상의 서비스Service를 제공할 것이고, 소비자는 우리 회사를 더욱 신뢰하게 될 것이다. 따라서 PSP는 곧 기업의 이윤Profit 증진에 이바지하게 된다. 결국 직원을 가장 우선하는 기업을 경영하겠다는 말이고, 결과적으로 이는 기업의 이윤에 곧바로 반영된다는 것을 의미한다.

FedEx는 1973년에 현재 그룹 총수인 프레드 스미스Fred Smith가 설립했다. 사실 35년 정도의 역사를 가진 기업이 오래되었다고 말할 수는 없다. 당시 FedEx는 조그마한 펠콘 비행기 8대로 시작했는데, 불과 30여 년 만에 670여 대의 비행기를 보유하게 되었고, 220여 개국에 물품을 배송하는 세계 최대의 항공특송회사가 되었다.

FedEx의 설립은 정말 우연한 일이었다. 프레드 스미스 회장이 예일대학교 학생이었을 때의 일이다. 당시 논문을 준비하던 스미스 회장은 항공화물의 이동경로를 살펴보다가 효율이 상당이 떨

| People–Service–Profit의 경영철학 |

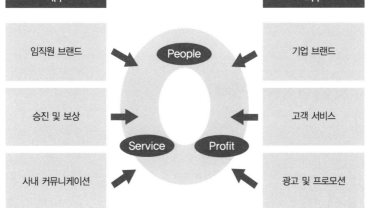

어진다는 것을 알게 되었다. 즉 항공화물이 A에서 B로 움직이고, 또 C에서 D로 움직이는 등 이동경로가 복잡하다는 것을 알게 된 것이다. 스미스 회장은 그 내용을 주제로 논문을 쓰면서 해결책을 찾아 논문에 반영했다. 모든 화물을 우선 한 곳, 즉 허브hub에 집결시킨 다음 그곳에서 통관을 마치고 자전거 바퀴살spoke 같은 이동경로를 만들어 통관이 완료된 화물을 수송하자는 내용이었다. 물류의 비효율성을 극복하는 방법으로 대도시 터미널 집중 방식hub and spoke을 선택한 것이다. 그런데 이 논문을 본 교수는 허무맹랑하고 실현가능성이 없다며 C학점을 주었다.

스미스 회장은 학교를 졸업하고 베트남 전쟁에 참전했다가 미국으로 돌아와 자신이 썼던 논문을 참고해서 대도시 터미널 집중방식 시스템을 비즈니스에 활용했다. 그렇게 해서 설립된 회사가 바로 FedEx이다. 아마도 FedEx의 성장을 보면서 당시 스미스 회장에게 C학점을 준 교수는 난감한 표정을 감추지 못했을 것이다. 이 이야기는 경영학이나 관련 학문을 공부하는 사람이라면 사례연구 등에서 많이 들어보았으리라 생각한다.

낮은 이직률이 말해주는 것

FedEx에서 실시하고 있는 직원 중심 경영의 대표적인 사례가 직원에게 제공하는 자기개발비이다. 우리 회사에서는 모든 직원에게 1년에 2,500달러씩 자기개발비를 지급한다. 사실 이 정도 돈이면 외국어 한두 과목을 수강할 수 있을 것이다. 나 역시 사회 초년생 시절부터, 또 프런트 라인의 일선 직원이었을 당시 그 돈으로 영어 학원도 다니고 일본어 학원도 다니면서 외국어 실력을 키웠다.

직원 중심의 경영을 표방하는 우리 회사의 경영전략은 단순히 말로만 하는 것이 아니라 기업경영의 전략과 전술에도 녹아 있다. 앞에서 우리는 내부인과 외부인을 구분하여 브랜드를 관리한다고 이야기했다. 구체적으로 내부인을 위한 브랜드 관리에는 직원에게 보여줄 회사의 이미지, 예비직원(구직자)에게 보여줄 회사의 이미지, 직원을 위한 포상제, 끊임없는 커뮤니케이션 등이 해당한다.

외부인을 위한 브랜드 관리에는 기업으로서 좋은 브랜드 이미지를 남기기 위해 고객 서비스에 만전을 기하는 것, 피드백을 통해 서비스의 질을 향상시키는 것, 매체를 활용한 지속적인 홍보활동 등이 해당한다.

내가 20년 동안 근무하면서 느낀 점은 우리 회사가 철저한 직원 중심의 경영철학을 가지고 있었기에 오늘날과 같은 큰 회사로 급성장할 수 있었다는 것이다. 그렇다면 직원 중심의 경영, 직원이 만족하는 회사를 만들겠다는 경영철학이 얼마나 큰 성과를 거두었을까? 신이 내린 직장이라는 공기업, 요즘에는 신도 부러워하는 직장이라는 표현을 쓰기도 하는데, 공기업의 이직률이 2~3퍼센트라고 한다. 일반적으로 우리나라 직장인의 이직률이 18퍼센트인 점을 감안하면 공기업의 이직률은 거의 없다고 봐도 무방할 것이다. 그런데 FedEx 코리아의 이직률은 3~3.5퍼센트 정도이다. 공기업은 아니지만 이직률로 보면 신도 부러워하는 직장에 근접하는 것이다. 이런 수치는 실질적으로도 직원에게 도움이 되는, 그리고 직원들이 체감하는 직원 중심의 경영을 하는 증거라고 볼 수 있다.

회사의 내부적인 약속, Purple Promise

우리 회사를 상징하는 색상은 보라색purple과 오렌지색orange이다. 이 색상들은 회사의 가치를 잘 전달하자는 취지로 직원들끼리 한 약속, 즉 'Purple Promise'이다. 이 말을 번역하면 우리 직원에게는 회사의 상징 색상인 '보라색이 피에 흐른다'는 것이다. 'Purple Blood'라고도 한다.

'우리는 무슨 일이 있더라도 FedEx가 가지고 있는 서비스를 어떻게 해서든지 소비자에게 프로페셔널하게 전달한다Do whatever it takes.'

이것이 바로 내부인, 즉 직원의 모토이다. 최상의 서비스를 고객에게 제공하고, 신속하고 정확하게 물건을 배송하자는 의미에서 직원들끼리 결속을 다지는 모토인 것이다. 이는 우리 회사 직원만이 이해할 수 있는, 그들만의 약속이다. 따라서 Purple Promise라는 말을 들어본 소비자는 없을 테니까 당연히 이해할 수도 없을 것이다. 그리하여 소비자에게 우리 회사의 모토를 보여줄 수 있는 명확한 표현의 필요성을 느끼게 되었다.

회사의 대외 모토, We live to deliver

그래서 외부인을 대상으로 'We live to deliver'라는 표현을 사용한다. 이를 번역하면 '우리는 배송하기 위해서 산다'는 정도가 아닐까 생각한다. FedEx는 무슨 일이 있어도 정시에 배송한다는 뜻이다. 이런 회사의 대외 모토는 세계 각 나라의 언어로 번역되어 회사를 홍보하는 데 사용하고 있다.

한국에서는 '페덱스라면 가능합니다'라는 표현을 쓰고 있다. 대외 모토는 각 나라의 실정에 맞추어 조금씩 달리 표현하고 있으며, 개인적으로 내가 좋아하는 표현은 중국어로 번역된 '사명필달 使命必達'이라는 것이다.

'使命必達, 사명감을 가지고 반드시 정시에 배달한다.'

짤막하지만 FedEx의 기업목표를 응축하여 회사의 이미지, 회사의 브랜드를 고객에게 명확하게 전달하고 있다.

FedEx는 내부적으로 'Purple Promise'라는 직원들 사이의 약속을 토대로, 직원 스스로 최고의 브랜드라는 자부심과 사명감을 가지고 회사의 가치를 높이고 있다.

외부적으로는 'We live to deliver', 즉 '페덱스라면 가능합니다'라는 표현을 사용하면서 고객에게 최상의 서비스를 제공하기 위해 노력한다.

이런 기본적인 메시지를 전제로 최근 각 나라를 연결하기 위해 우리 회사에서 주창하고 있는 것이 'Team FedEx'이다.

Welivetodeliver.
使 命 必 达
페덱스라면가능합니다
使 命 必 達
เพราะการส่งคือชีวิตของเรา

대내외 메시지의 조화전략, Team FedEx

일본에서는 유명한 해머선수의 이미지를 활용하여 스포츠 스폰서십 마케팅을 하고 있다. 우리 회사의 브랜드 가치가 스포츠맨십과 많이 닮아 있다고 판단하기 때문이다. 또 우리 회사가 고객에게 제공할 수 있는 서비스의 주내용이 신속, 정확, 그리고 팀워크이기 때문이다. 그 외 다른 나라에서는 혼자 하는 경기보다는 팀으로 하는 경기, 즉 구기 종목을 선택하여 스포츠 스폰서십 마케팅을 하고 있다.

그동안 FedEx 코리아에서는 남윤배 선수(태권도·한국체대)를 후원하여 스폰서십 마케팅을 했다. 그러다 얼마 전부터는 SK와이번스를 후원하고 있다. 야구 역시 신속, 정확, 그리고 팀워크가 중요하다는 점에서 회사의 서비스와 일치하기 때문이다. 중국에서는 배드민턴 팀을 후원하고 있다.

우리 회사가 소비자에게 서비스를 할 때 내부적인 약속을 바탕으로 외부적으로 내세운 모토를 각 나라와 연계하겠다는 의미이다. 또 관련 있는 스포츠 팀을 후원하면서 우리 회사의 정신을 알리려는 취지도 담겨 있다.

대내외 커뮤니케이션의 조화

신입직원이 들어오면 회사에서는 오리엔테이션 때 기업의 가치를 전달하는 일부터 시작한다.

내가 FedEx 코리아의 지사장으로 근무하면서 아무리 바빠도 지

| 내·외부 커뮤니케이션의 유기성 |

내부 커뮤니케이션	외부 커뮤니케이션
무엇을 통해 전달할 것인가? • 신입사원 오리엔테이션 • 관리자 교육 프로그램 **무엇을 전달할 것인가?** • 이러한 메시지가 회사에 어떠한 의미인지 • 임직원 개개인이 어떻게 메시지를 전달할 수 있는지 **확인사항** • 임직원들의 이해도 • 커뮤니케이션 결과	**무엇을 통해 전달할 것인가?** • 광고 • 프로모션 활동 **무엇을 전달할 것인가?** • FedEx 임직원들은 어떤 사람들인지 • FedEx 임직원들이 어떻게 FedEx 서비스를 제공하는지 **확인사항** • 소비자 반응 • 브랜드 인지도 및 가치

키는 약속 중의 하나는 신입직원 오리엔테이션에 참석하는 것이다. 비록 5분에서 10분밖에 되지 않지만, 신입직원에게는 사장인 내가 직접 인사를 하고 회사의 기업 이념에 대해 설명하는 것이 인상에 남기 때문이다.

또 해외출장이나 지방출장이 아니라면 꼭 신입직원과 식사를 한다. 별것 아니라고 생각하는 사람도 있겠지만, 직원들은 그런 기억을 꽤 오랫동안 간직한다. 이러한 모습들이 신입직원에게는 그 회사의 이미지로 크게 와닿을 수 있으며, 또한 내부 커뮤니케이션의 밑바탕이 되기도 한다.

다른 회사와 마찬가지로 우리 회사 역시 언론매체를 이용하여 기업의 가치를 설명하고 우리 회사가 무슨 일을 하는지 알린다. 또 고객이 우리의 서비스를 어떻게 생각하고 있는지 반드시 체크한다. 영업직원은 고객을 직접 찾아가기 때문에, 고객과의 대화를 통해 회사의 서비스에 대한 피드백을 받을 수 있다.

그러나 마케팅 담당자나 인사담당자, 재무담당자 등은 그렇지 않다. 이들은 고객과 직접 얼굴을 맞대고 앉아볼 기회조차 없는 것이 사실이다.

아무리 고객과 만나지 않는 부서라 할지라도 부서장 정도의 직급이면 우리 회사의 서비스에 대해 고객이 어떻게 생각하는지 알아야 한다. 그래서 비영업부서의 부서장이라도 한 달에 두 번씩은 고객을 만나서 회사의 서비스에 대한 생각을 체크하도록 하고 있다. 우리는 이것을 MSP Management joint sales call program라고 하는데, 고객과의 접점이 없는 비영업부서의 부서장이 고객과의 만남을 갖고 서비스에 대한 만족도를 파악하는 제도이다. 영업직원이 아니더라도 고객을 이해하고 있어야 한다는 취지에서 볼 때 아주 좋은 프로그램이라고 생각한다.

직원 채용은 신중하고 까다롭게

우리 회사는 직원 중심의 경영을 하기 때문에 직원을 채용하는 과정에서 심사숙고할 수밖에 없고 여러 단계의 과정을 거쳐 직원을 선발한다. 직원의 역할에 따라 회사의 이미지가 달라지므로 어찌 보면 당연한 일이다. 우리 회사의 인재 채용 절차를 표현하는 말이 있는데, Structured and rigorous process(신중한 단계를 거친다)와 Multiple selection tools(다양한 도구를 사용한다)가 그것이다.

나는 FedEx 코리아의 지사장을 하기 전 2년 동안 북태평양지역의 인사 담당 상무를 했기 때문에, 회사에서 어떤 사람을 필요로 하는지 잘 알고 있다. 과거에는 직원 선발을 하는 인터뷰를 할 때 다음과 같은 진부한 질문을 많이 했다.

'왜 이전에 다니던 회사를 그만두셨나요?'

'왜 우리 회사에 들어와서 일하려고 하시나요?'

'입사 이후에 단기, 중기, 장기 계획은 어떤 것이 있습니까?'

'회사에 입사하고 나서 10년 후에 당신은 어떤 모습일 것 같은가요?'

그러나 최근에는 이런 질문은 하지 않는다.

우리 회사에서는 인재 채용을 할 때 먼저 능력을 검증하고 인성과 적성을 평가한다. 업무를 처리하는 데 적합한 사람인지 알아보기 위해 챔스CHAMS라는 특별 시험 형태의 테스트를 하는 것이다. 이 시험의 특징은 질문이 상당히 많은데 각 질문마다 솔직하게 대답해야 한다. 자신의 좋은 점을 보여주기 위해 거짓으로 대답을 하다보면 오히려 감점요인이 생길 수 있다. 자신의 성격은 A인데 B로 대답하고 C인데 D로 대답하다보면 뒤로 가면서 같은 질문 혹은 유사한 질문이 나왔을 때 헷갈리게 된다. 그래서 결국 정직성에서 떨어진다는 평가를 받을 수 있기 때문에 검사 결과가 좋지 않을 수 있다. 요즘에는 많은 기업에서 인·적성 검사를 하므로 일관되게 자신의 생각을 솔직하게 대답하는 것이 좋다.

두 번째로 인터뷰를 한다. 이 경우에도 앞에서 말한 진부한 유형의 질문은 하지 않는다. 예를 들면 행동 유형 인터뷰로, 대략 다음과 같다.

'당신이 지금까지 일을 하면서 일하기 힘들었던 팀이나 상사, 동료가 있으신가요? 그리고 그때 그 상황을 어떻게 극복했는지 구체적으로 말씀해주십시오.'

이런 질문들을 하기 때문에 거짓말을 했다가는 금방 들통이 난다.

'3년 전에 내가 통관팀에서 일을 할 때, 우리 부서에 참 힘든 사람이 있었습니다. 말도 잘 통하지 않았고……'

이런 식으로 구체적인 대답을 하면 심사관들은 그 사람의 과거 행동에 비추어 비슷한 상황에서 어떻게 행동할지를 예측한다. 이를 행동 유형 인터뷰라고 하는데, 실제의 예를 들어 대답하도록 유도하는 경우가 많다.

이처럼 직원을 채용하는 과정은 매우 복잡하고 신중하게 이루어지지만, 일단 직원을 채용하게 되면 직원을 관리해서 최고의 브랜드로 만드는 것이 우리 회사의 인재 채용 원칙이다.

브랜드 홍보대사로서의 경영진의 역할

우리 회사는 직원 중심의 경영을 한다는 말을 계속 강조하고 있는데, 그렇다면 경영진은 과연 무엇을 하는지 의문을 갖는 사람이 있을 것이다. 어쩌면 모든 권한과 책임을 직원에게 넘겨주고, 경영진은 뒷짐이나 지고 있을 것이라 생각하는 사람이 있을지도 모르겠다. 하지만 경영진에게도 많은 권한과 책임을 부여하고 있다. 앞에서 말한 바와 같이 언행일치가 되어야 하고, 자신이 먼저 다른 사람의 모범이 되어야 하므로 경영진의 책임감도 막중하다.

우리는 매일 Purple Promise를 지켜야 하고, 적절한 인재를 채용하여 적재적소에 배치해야 한다. 회사가 나아갈 방향에 대해 생각하여 직원에게 전달하고, 커뮤니케이션 과정을 통해 고객과 응대한 직원들에게 피드백을 받아야 한다.

직원들의 피드백을 듣는 방법으로 open door policy라는 방법을 사용한다. 즉 회사 부서장들은 항상 사무실의 문을 열어놓는다. 그래야 새로운 아이디어가 있거나 어려운 처지에 있는 직원들이 수시로 들어올 수 있기 때문이다.

또 skip level meeting이라는 것도 있다. 직원들이 이사나 부장과 함께 회의에 참석할 경우 그들의 눈치를 보느라 하고 싶은 이야기를 못하는 경우가 많다. 그래서 skip level, 즉 특정 직급의 사람을 들어오지 못하게 해서 회의를 하는 것이다. 이사가 부장을 빼놓고 회의를 하거나 사장이 중간관리자를 통하지 않고 직접 직원과 회의를 하는 방식이 그것이다.

그다음으로 1년에 두 번 정도 let's talk session, 즉 let's talk(터놓고 이야기합시다)를 한다. 이 자리에서 회사가 나아갈 방향에 대해 이야기하고 직원의 피드백을 듣기도 한다. 결국 경영진 역시 직원 중심의 경영을 위해 존재한다고 할 수 있으며, 이를 위해 여러 가지 제도를 만들거나 프로그램을 만들어 실천하고 있다.

FedEx의 현재, 그리고 미래

그럼 이제 FedEx가 어떤 회사인지 궁금할 것이다. 앞에서 이야기한 대로 FedEx는 1973년에 설립되었다. 본사는 미국 테네시 주 멤피스에 있는데 멤피스는 상당히 외진 곳이다. 멤피스 옆에 있는 알칸소는 빌 클린턴이 주지사로 있던 곳이라 많이 알려졌다. 하지만 멤피스는 그렇게 큰 도시가 아니다. 다만 두 가지가 아주 유명하다. 하나는 FedEx이고, 또 하나는 로큰롤의 황제 엘비스 프레슬리의 고향이라는 것이다. 그곳에 가면 엘비스 프레슬리의 생가 그레이스 랜드가 있다.

FedEx는 전 세계에 29만 명의 직원이 있고, 670대가 넘는 비행기로 하루에 전 세계 650만 패키지를 이동하며 220여 개국을 넘나들고 있다.

비행기 이야기가 나왔으니까 우리 아들 이름을 단 '양재 비행기' 이야기를 하지 않을 수 없다.

회사에서는 비행기를 새로 사면 직원 자녀의 이름을 붙여준다. 그래서 회사 비행기를 보면 빅토리아, 마리아 같은 이름이 붙은 것을 볼 수 있는데 전부 직원 자녀의 이름이다.

우리 아들이 올해 대학생이 되었는데, 아들이 초등학교 1학년 때 나도 아들 이름으로 응모를 했다. 아들 이름이 '좋을 양'에 '재물 재' 자를 써서 양재이다. 내가 이 이름을 영어로 풀이하면서 비행기에 이 이름을 붙이면 돈이 팡팡 들어온다고 했다. 그랬더니 에어버스 비행기에 우리 아들 이름이 명명되었다고 멤피스에서 연락이 왔다.

어느 날 부서장이 우리 회사의 본사가 있는 멤피스에 갔다가 그 비행기를 수소문했다. 670대가 넘는 비행기 중에서 '양재'라는 이름이 붙은 비행기가 있는 것을 발견하고는 그 비행기를 촬영하는 데 성공했다. 그리고 액자로 만들어 홍콩 가는 길에 일부러 한국에 들러 나한테 전해주었는데 어찌나 감동적이던지……

그때 아들이 초등학생이고 내가 고객관리부 부장일 때인데, 이후 아들이 일하느라 바쁜 엄마한테 불만을 털어놓을라치면 "너 비행기도 있는데 엄마가 열심히 일해야지" 하며 상기시켜주곤 했다. 그러면 아들은 "아차, 우리 엄마는 엄청 중요한 일을 하지. 내 이름으로 된 비행기도 있고"라고 생각하며 초등학교, 중학교, 대학교까지 무사히 올 수 있었다. 따지고 보면 내가 이 자리에 올 수 있었던 것도 모두 FedEx 비행기 덕분이 아닌가 생각한다.

| 채은미의 경영노트 |

People-Service-Profit
임직원에게 최고의 근무환경을 만들어주고 최고의 대우를 해줄 때 그 임직원이 최고의 서비스를 제공하고 그것이 곧 회사가 성장할 수 있는 이윤으로 돌아온다.

CEO
생생토크

01_ 직원 중심의 경영을 하신다고 말씀하셨는데, 직원 역시 사람이기 때문에 갈등이 생길 수 있다고 생각합니다. 만약 대표님과 직원 혹은 팀과 팀 사이에 갈등이 생기면 대표님께서는 이를 어떻게 해결하시는지 궁금합니다.

예전에 제가 지상운영부 이사로 근무할 때의 일입니다. 우리 회사에는 670여 명의 직원이 있는데, 그중에서 500여 명이 배송직원으로 남자직원입니다. 또 그들을 관리하는 부장 12명도 모두 남자였습니다. 배송 관련 업무의 대부분이 현장에서 화물을 들고 나르는 것이다보니 남자가 많은 것은 어쩔 수 없는 현상이었습니다. 그런데 이게 장점이 될 수도 있고, 단점이 될 수도 있지요.

한국에서는 아직도 남자가 여자를 상사로 모시는 것을 불편해하는 경우가 많은 것 같습니다. 물론 남자직원 중에는 저보다 나이가 많은 사람도 있어 직접적으로 불만을 표출하지는 않지만 심리적으로 불평이 있을 수 있을 겁니다.

회사 내에서 커뮤니케이션이 중요한 이유도 바로 이 때문입니다. 이럴 때 저는 직원들과 일 대 일 면담을 합니다. 대충 시간을 정해서 하는 것이 아니라 미리 준비를 하고 만나지요. 매니저에게 갈등경영conflict management이라는 교육도 받습니다.

저는 우선 상대방이 최근에 잘한 일에 대해 칭찬을 하면서 대화를 시작합니다. 그다음에 갈등이 생긴 이유에 대해 심도 있게 이야기를 하지요. 그리고 대화를 마무리할 때에는 긍정적으로 이야기를 끝냅니다. 칭찬으로 시작했으니 분위기 좋게 끝내는 것이 좋겠지요. '자, 저는 이렇게 하면 해결이 될 것 같으니까, 앞으로 우리가 힘을 합쳐서 열심히 일하면 좋은 결과가 있을 겁니다' 하는 패턴으로 이야기를 매듭짓습니다.

피드백 폼feedback form을 만들어 미리 준비를 한 후 일 대 일 면담을 하면 대부분은 제가 원하는 결과를 얻습니다.

02_ 기업의 사회적 책임에 대해서 질문을 드리고 싶은데요. FedEX는 화석연료를 사용하는 기업입니다. 따라서 FedEX가 돈을 많이 번다는 것은 지구온난화에 기여한다는 의미인데, FedEX가 펼치고 있는 Green Planet 운동 같은 것이 있으면 소개해주시기 바랍니다. 또 대표님의 경영철학을 말씀하지 않으셨는데, 어떤 경영인으로 기업에 남고 싶은지도 말씀해주시면 감사하겠습니다.

FedEx에서도 Echo Friendly, Go Green 등의 중요성을 인식하

고 있습니다. 또 미국에서는 배송과정에 하이브리드카를 시험적으로 운행하기도 하고, 삼성과 손을 잡고 카트리지를 재활용하는 등 다방면의 노력을 하고 있지요.

그리고 제가 가진 경영철학에 대해 질문을 하셨는데요, 물류 쪽에는 아직 여성들이 많이 진출하지 않은 상태라 여성 CEO는 매우 드뭅니다. 여성의 입장에서 20여 년 정도 이 회사에 근무하면서 느낀 것은, 물류 관련 업무는 섬세함이 요구되기 때문에 여성에게 오히려 더 잘 맞는다는 것입니다. 왜냐하면 서비스 산업이기 때문에 고객의 불평이나 불만 요구 등이 있을 수 있습니다. 이때 여성의 섬세함으로 관리한다면 더 좋은 결과를 얻을 수 있겠지요.

마지막으로 여성들에게 하고 싶은 말이 있다면, 일을 할 때 남성들보다 조금 더 열심히, 열정적으로 하라는 것입니다. 열정을 영어로 표현하면 passion인데요, 그 앞에 com을 붙이면 compassion이라는 단어가 됩니다. 이 말의 뜻은 남을 배려하라는 것입니다. 여성 특유의 모성애와 섬세함을 살려서 성별을 가리지 않고 부하직원을 배려하고 아끼는 마음을 갖는다면, 그리고 그것을 리더십으로 승화시킬 수 있다면 훌륭한 리더가 될 수 있을 것이라고 생각합니다.

행복한 글로벌 리더를 꿈꾸어라

스포츠와 기업경영의 결합으로 이끄는 휴먼경영

이혁병(李赫柄, Hyuk Byung Lee) ADT캡스 회장

1978 대우그룹 입사

대우실업 · 기조실 · 대우반도체 근무

1985 한국신용평가 기획조정실장

1989 캐리어 아시아 태평양 본부이사

1994 대우캐리어 전무이사

1999 LG캐리어 대표이사

2002 글로벌 시큐리티 기업 ADT코리아 회장

(ADT캡스, 캡스텍, ADT시큐리티코리아 3사 운영)

2008 ADT 아태지역 영업 · 마케팅 총괄 부사장(겸)

2009 한국청소년육성회 총재

'Tyco Chairman's Award 2008' 경영대상 수상

스포츠에서 경영의 묘안을 찾는 CEO

해군 장교 출신, 태권도 3단, 합기도 2단, 수상스키, 스노보드, 웨이크보드, 승마, 인라인……. ADT캡스 이혁병 회장의 어제와 오늘을 대표하는 것들이다. 50대의 나이에 20대 젊은이 못지않게 신종 스포츠를 즐기는 그는 스포츠에서 경영의 묘안을 찾는 CEO이기도 하다. 그는 자신이 좋아하는 스포츠를 회사 경영에 도입해 좋은 성과를 거두고 있다. '팀빌딩제'라고 해서 전 직원이 팀별로 돌아가며 함께 스포츠를 즐긴다. 이렇게 직급에 상관없이 한바탕 어우러져 놀다보면 서로가 서로를 배려하는 마음도 커지고, 젊은이들이 좋아하는 스포츠인 만큼 젊은 직원들과 스스럼없이 어울리며 대화도 나눌 수 있다. 그 결과 국내 보안시장에서 ADT캡스는 급성장을 거듭하고 있다. 스포츠를 좋아하는 CEO, 젊은 직원들과 스스럼없이 대화하는 CEO. 이는 분명 'CEO 이혁병'의 브랜드를 만들어주는 중요한 요소일 것이다.

훌륭한 멘토를 찾아 행복한 글로벌 리더를 꿈꾸어라

이혁병 회장에게 CEO라는 자리는 자신의 행복한 인생을 즐기는 곳이다. 'CEO라서 행복하다'는 이혁병 회장은 오늘의 자신이 있기까지, 3명의 멘토가 커다란 원동력이 되었다고 말한다. 첫 번째 멘토는 그가 첫 사회생활을 시작했던 대우그룹의 김우중 회장으로, 그는 '세상을 향해 도전하는 꿈과 자신감'을 심어주었다고 한다. 두 번째 멘토인 이헌재 전 부총리에게서는 현실감각과 균형감각을 배웠다. 그리고 세 번째 멘토인 캐리어 아시아 태평양 본부사장이었던 닉 핀척 사장님에게서는 '완벽한 프레젠테이션 기법'을 배웠다. 이렇게 멘토들이 그의 오늘을 이끌어주었듯, 행복한 CEO로 자리매김하고 있는 그 또한 누군가의 훌륭한 멘토가 되기를 바라며 행복한 글로벌 리더가 되기 위한 노하우를 들려준다.

기업과 CEO의 이미지가 딱 맞아떨어지는 경우가 얼마나 될까? ADT캡스의 이혁병 회장은 태권도와 합기도 유단자에 수상스키, 스노보드, 웨이크보드, 인라인 등 온갖 스포츠를 즐기는 스포츠 마니아로 '강인함'이 느껴지는 천생 보안기업의 CEO이다. 그는 ADT캡스에 부임하자마자 혹독한 노사분규를 겪으며 커뮤니케이션의 중요성을 절실히 느꼈다. 이에 보안기업의 특수성상 젊은 직원들이 많은데, 그들이 좋아할 수 있는 신종 스포츠를 함께하는 '팀빌딩제'를 도입해 노사분규를 말끔히 해소했다. 또한 '젊은 직원들한테 배워야 한다'는 생각으로 아랫사람이 윗사람을 가르치는 '리버스 멘토링제'를 실시해 사내 웃음꽃을 피우고 있다. 보안기업의 강인함과 CEO의 스포츠맨십을 잘 결합한 창조적인 경영을 통해, 그는 'CEO 이혁병'의 브랜드를 쌓아나가고 있다. 행복한 CEO로 살아가는 그의 이야기를 함께 들어보자.

'리더' 하면 가장 먼저 떠오르는 단어가 CEO일 것이다. CEO가 이미 브랜드가 된 지금, CEO를 꿈꾸는 분들이 많을 텐데, CEO가 되는 방법에는 크게 세 가지가 있다. 첫째, 할아버지나 아버지가 일군 훌륭한 기업을 물려받는 방법이다. 둘째, 용기 있게 창업을 해서 스스로 사장이 되는 방법이다. 그리고 세 번째는 회사에 들어가서 실력을 쌓아 전문경영인이 되는 것이다.

여러분은 어떤가? 부모로부터 회사를 물려받는 사람은 극히 일부일 것이다. 그렇다면 창업할 용기나 자본, 자신만의 노하우가 있는가? 아마 대부분은 그렇지 못할 것이다. 나 또한 마찬가지였다. 1975년에 대학을 졸업하고 1978년에 해군장교로 제대할 때까지 가진 게 아무것도 없었다. 그러다보니 원대한 꿈을 가지고 사회에 첫발을 내디뎠다기보다는 대부분의 사람들이 그렇듯이 학교를 졸업하고 당연한 수순으로 회사에 들어가서 월급쟁이 생활을 시작했다.

내 위치에서 열심히 일을 하며 차근차근 실력을 쌓다보니 그만큼 경쟁력도 커졌고, 임원으로 승진도 하면서 어느새 직장생활 32년째를 맞고 있다. 12년 전부터는 글로벌 기업의 CEO로 활동하고 있다.

나를 CEO로 이끌어준 원동력

대학을 졸업하고 사회에 첫발을 내디딜 때는 누구나 같은 출발점에서 시작한다. 대학교육을 받고 입사 시험을 치르고 회사에 들어왔다는 것은 실력에서 그다지 큰 차이가 없음을 보여준다. 그런데 5년이 지나고 10년이 지나면서 사람들의 사회적인 지위가 달라지고, 20년이 지나고 30년이 지나면서 엄청난 차이를 보이는 것은 왜일까? 물론 특별히 '일하는 머리'가 발달된 사람이 있기는 하겠지만, 그보다는 회사생활을 얼마나 충실히 하고 자신한테 주어진 상황을 얼마나 효율적으로 발전시켰는가 하는 차이가 더 큰 이유일 것이다.

30여 년간 직장생활을 하면서 힘들 때도 많았다. 지나서 생각해보니 그 힘든 과정이 있었기에 지금의 내가 있게 된 것이 아닌가 싶다. 하지만 힘든 상황에 처했던 그때 당시는 똑같이 반복되는 하루하루가 숨이 막혔고, 10년 후 20년 후를 그려보면 확실한 이미지보다는 안개처럼 막연한 이미지만 떠오를 뿐 답답하기 짝이 없었다. '이렇게 해서 내 앞날에 무슨 큰 영화가 있겠는가' 하는 상실감과 좌절감이 밀려올 때도 한두 번이 아니었다. 하지만 피할 수 없으면 즐기라고 하지 않던가. 나는 현재의 상황을 즐기고 일을 즐기며 주변 사람들을 소중히 대하려고 노력했다. 그렇게 마음을 고쳐 먹으니까 실제로 일도 즐거웠고 사람들도 가족같이 편하고 좋았다.

지금 돌이켜보면 내가 이 자리에 오기까지, 지난 30여 년 직장생활 속에서 내 성공의 발걸음을 재촉해준 원동력이 있었던 것 같다. 그 원동력을 세 가지로 압축해볼 수 있겠다. 앞으로 소개할 나의 경험을 거울삼아 여러분도 행복한 글로벌 리더를 꿈꾸길 바란다.

오늘의 나를 있게 한 3명의 멘토

내 성공의 첫 번째 원동력은 멘토이다. 내게는 아주 훌륭한 3명의 멘토가 있었다. 그들을 만났다는 게 지금도 큰 행운이었다고 생각한다. 첫 번째 멘토는 내가 1978년 해군장교를 마치고 대우그룹에 입사했을 때 대우그룹을 맡고 있던 김우중 회장이다. 그분이 그룹이 해체되는 위기를 맞아 대미를 장식하지 못한 점은 참으로 안타까운 일이라고 생각한다.

하지만 1970년대 당시 나 같은 사회 초년들에게 그분은 꿈과 자신감을 심어준 대표적인 CEO였다. 그분의 말은 단순하고도 간단 명료했는데 핵심은 이것이다. '이 세상에 불가능한 것이 뭐가 있겠는가? 세계 도처에 돈이 깔려 있다. 우리가 마음만 먹으면 무슨 일이든 할 수 있다.' 그래서 그때 대우의 모든 직원들은 '나도 제2의 대우그룹을 만들어보겠다' '나도 제2의 김우중 회장이 되겠다' 라는 등의 각오를 다지곤 했다. 그런 마음가짐으로 가방 가득 샘플을 담아 세계를 누비고 다니며 우리 수출의 역사를 일궈냈다고 해도 과언이 아니다.

두 번째 멘토는 이헌재 전 부총리이다. 그분에게 나는 치밀한 전략을 세우는 태도를 몸에 익히는 것을 배웠다. 이 전 부총리는 재계에 등장하기 전에 재무부의 고위관료였는데, 재무부에서 20년에 한 번 나올까 말까 한 유능한 관리자라는 평판이 자자하던 분이었다. 유능한 관료 출신답게 그분은 현실감각과 균형감각을 중시하면서 다음의 말을 강조했다. '최선책이 나오지 않으면 차선책이라도 빨리 내놓아라. 그래서 타이밍을 잃지 않는 것이 더 중요하다.'

워낙 치밀하고 차분한 분이어서 그분의 눈높이에 맞춰 일을 해서 칭찬을 받기란 결코 쉬운 일이 아니었다. 내가 보고를 하면 이런저런 문제점을 지적하고 이렇게 물으시곤 했다. '그래서 이혁병, 너의 대안은 무엇이냐?' 내가 그 질문에 대답을 못하면 야단을 쳤다. 덕분에 그분과 일을 하면서 크고 작은 여러 가지 문제점을 제기할 때는 나름의 해결책을 제시하는 좋은 습관을 기르게 되었다. 나에 대한 기대가 크셨던지, 임원 중에서도 내가 가장 많이 야단을 맞았던 것 같다. 어느 날은 이런 탄식을 하기도 했다. '내가 이런 분하고 같이 일하다간 평생 기 한번 못 펴고 살겠구나.'

그러다 우연한 기회에 다국적 기업에서 입사 제의를 받고 자리를 옮겼다. 당시 제의를 받았던 캐리어(유나이티드 테크놀로지스의 에어컨 부문)의 아시아 태평양 본부를 선택했는데, 나의 세 번째 멘토가 바로 그때 만났던 캐리어 아시아 태평양 본부의 닉 핀척 사장이다.

닉 핀척 사장을 통해 나는 프레젠테이션의 ABC를 제대로 배웠다. 이분은 그룹 내에서 프레젠테이션을 아주 잘하기로 정평이 나 있었다. 우리나라에서는 사장이 직접 프레젠테이션을 하는 경우는 거의 없을 것이다. 그런데 다국적 기업에 갔더니, 회사의 경영 방침이나 비전 등에 대해서 CEO가 반나절도 좋다 하고 오랜 시간 동안 직접 프레젠테이션을 하는 것이다.

프레젠테이션을 잘하려면 어떻게 해야 할까? 결국 철두철미하게 준비하는 수밖에 없다. 이분은 어느 정도로 완벽주의인가 하면, 만약 10페이지 분량의 슬라이드가 필요하면 100페이지 이상의 자료를 준비해서 간추리고 간추려서 10페이지를 만든다. 나머지 자료는 프레젠테이션에서 나올 만한 예상 질문을 뽑아서 1차 상황, 2차 상황, 3차 상황을 준비해서 그때 자료로 또 활용한다.

중요한 프레젠테이션을 할 때는 전 직원이 한 달 넘게 야근을 하면서 준비를 한다. 드디어 프레젠테이션 전날 밤이 오고, 우리가 보기에는 아주 완벽한 자료인데도 그분은 만족하지 않고 밤새 고치고 또 고치며 자료를 보완한다. 그러다 새벽 6시가 되면 "다들 일어났겠지? 어서 샤워하고 와!"라는 그분의 명령이 들린다. 그런 다음 회의장으로 발걸음을 옮긴다. 그렇게 밤을 꼬박 새운 적이 100번도 넘은 것 같다. 그랬으니 얼마나 끔찍했겠나?

그런데 비즈니스란 이런 프레젠테이션의 연속이라고 보면 된다. 프레젠테이션을 잘한다는 것은 단지 프레젠테이션으로 끝나는 것이 아니라 그만큼 비즈니스의 핵심을 들여다본다는 것이다. 그리고 많은 보충자료를 챙기면서 비즈니스의 구석구석을 잘 알 수 있게 된다. 여러분도 학교나 직장에서 프레젠테이션을 할 기회가 많을 것이다. 그럴 때 철저하고 완벽하게 준비하려고 노력해보라. 여러분이 '프레젠테이션을 잘한다'는 명성을 얻게 되면 벌써 절반 이상 성공한 것이나 다름없다.

새로운 것, 낯선 곳에 도전하다

내가 지금까지 지나온 길을 잠시 돌이켜보면, 대우에서 사회생활의 첫발을 내디뎠다. 이후 금융기관인 한국신용평가로 자리를 옮겼다. 그 뒤 싱가포르에 있는 다국적 기업에서 인수합병에 대한 사업계획을 세우는 일을 하다가 지금은 다시 한국으로 돌아와 보안기업을 맡고 있다. 이 네 분야를 보면 공통점을 거의 찾을 수 없을 것이다. 하지만 나에게 이 네 분야의 공통점을 꼽으라고 하면 네 분야 모두 새로운 것, 낯선 곳이었다는 점이다. 나는 선택의 기로에서 늘 주저 없이 낯선 곳을 가기로 과감하고도 어려운 결정을 내렸다. 물론 내가 낯선 분야로 가서 잘못했더라면 큰 위기를 맞앉을 수도 있다. 리스크가 컸을 거라는 말이다. 하지만 다행히 그 난관을 잘 극복하면서 오히려 나의 새로운 가능성, 잠재력을 확인하는 좋은 기회로 만들었다.

나에게는 두 가지 장점이 있는 것 같다. 하나는 호기심이 많고 모험심이 있어서 낯선 곳을 잘 찾아다닌다는 것이다. 나는 체질상 너무 편하고 안정되어 있으면 싫증을 잘 낸다. 싫증이 나면 그 일에 재미도 못 느끼고 열정도 발휘할 수가 없다. 그래서 그 일에 완전히 익숙해지고 나면 나도 모르게 이런 생각이 밀려든다. '이제 새로운 걸 해보자!'

다른 하나는 자신감이다. 그래서인지 새로운 분야, 다른 업계를 선택하는 것을 크게 두려워하지 않았다. 오히려 다른 분야, 다른 업계라고 해도 일하는 것은 다 똑같다는 기분마저 들었다. 물론 처음 낯선 분야를 접했을 때는 두려운 마음도 있었다. 하지만 한두 번 이것을 극복하고 나니까 두려움이 싹 가시면서 '일하는 기본은 같다'는 것을 알게 되었다.

스포츠를 예로 들어보겠다. 스노보드나 웨이크보드, 골프, 승마는 모두 다른 스포츠 같지만 기본은 똑같다. 모두 힘을 빼고 균형을 잘 잡는 것이 중요한 기본 원리이다. 어떤 운동이든 어깨에 힘 줘서 되는 운동은 없다.

경영도 마찬가지이다. 경영자마다 어깨에 짊어진 짐의 무게는 다를지 몰라도 경영의 기본은 제품 전략, 마케팅 전략을 잘 세우는 것이다. 그보다 더 중요한 경영의 핵심은 사람이다. CEO의 가장 중요한 직무는 직원들이 즐겁고 열정적이며 창의력을 발휘할 수 있는 조직문화를 만들어가는 것이다. 경영을 잘한다는 것도 알고보면 이 두 가지 이외에 특별한 것이 없다. 내가 어렵게 결정을 해서 회사를 옮기려고 할 때마다 주변에서 많이 말렸다. 특히 가족과 친구들이 많이 말렸는데, 그들은 그때마다 이런 이야기를 했다. '지금 잘 있는데 왜 옮기려고 하느냐? 지금 그 자리가 잘 어울린다. 너 새로운 일에 자신 있냐?'

재미있는 것은 내가 자리를 옮겨서 그곳에 잘 적응하고 성과를 내기 시작하면 또 이런 말을 하는 것이다. '너 참 잘 옮겼다. 지금 이 자리가 너한테는 딱이야.' 심지어 요즘은 이런 이야기도 듣는다. 'ADT캡스 회장, 너말고 다른 사람은 도저히 상상이 안 돼.' 그러니 여러분도 종종 낯선 곳을 찾아나서 보라. 요즘같이 급변하는 시대에 뒤처지지 않으려면 오히려 변화를 찾아나서고 변화를 즐기는 것도 한 방법이다.

스포츠로 직원들의 마음을 모으다

다양한 경험도 내 성공의 커다란 원동력이 되었다. 다양한 경험을 해보라는 것은 무슨 의미일까? 만약 여러분이 직장인이라면 밤낮 없이 일만 하지 말고 스포츠도 하고 동료나 친구들과 여행도 다니고 놀기도 하라는 것이다. 또 문화예술 분야에도 관심을 갖고 다양한 취미도 가져보라는 것이다.

2002년에 내가 ADT캡스에 처음 부임했을 때, 회사는 극심한 노사분규에 시달리고 있었다. 따라서 내가 ADT캡스에서 해야 할 첫 번째 일은 노사분규의 해결이었다. 그로부터 몇 개월 동안 고생고 생하며 겨우 노사분규를 잠재웠다. 그런데 가만 생각해보니 이런 노사분규가 또 일어나지 말라는 보장이 없었다. 보안기업, 보안서비스를 하는 기업에서 또다시 노사분규가 발생한다면 우리 회사의 미래는 없는 것이나 마찬가지였다.

어떻게 하면 서로 원활한 의사소통을 하고 노사분규가 없는 회사를 만들 수 있을까? 어떻게 하면 직원들이 회사에 자부심을 느끼며 즐겁게 일하는 일터를 만들 수 있을까? 이런저런 생각 끝에 내가 좋아하는 스포츠에서 그 실마리를 찾았다. 경영의 영감이란 경제경영서를 보면서도 얻을 수 있지만, 내 경험상 그보다는 사소한 것에서 얻는 경우가 더 많다.

우리 회사는 노사분규를 겪은 이후 지난 7년 동안 매년 열정교육을 실시해오고 있다. 열정교육이란 우리 회사 전 직원 2,700명이 직급에 관계없이 50명씩 한 팀이 되어 1박 2일 동안 워크숍을 진행하는 것이다. 이 1박 2일의 워크숍 프로그램에는 반드시 반나절의 야외 스포츠가 포함되어 있다. 겨울에는 스키, 스노보드를, 여름에는 웨이크보드와 같은 수상스포츠를 즐긴다. 봄과 가을에는 승마도 한다. 우리나라에서는 승마 하면 귀족 스포츠로 인식되어 있지만 사실은 그렇지 않다. 잘 둘러보면 비교적 저렴한 가격에 장비도 빌려주고 레슨도 해주고 마음껏 말을 타는 자유까지 누릴 수 있는 곳이 많다.

수상스키를 즐길 때 우리는 홍천강으로 자주 가는데, 넥타이,

수상스키장에서의 팀빌딩

양복, 출동 제복을 다 벗어던지고, 반바지에 웃통 벗고 물속에 풍덩풍덩 빠지면서 마음껏 즐기다 온다고 상상해보라. 얼마나 즐겁겠는가!

이렇게 몇 년 하다보니까 직원들이 수상스포츠의 달인이 되었다. 처음 수상스포츠를 할 때 모두가 좋아한 것은 아니었다. 물에 들어가기 싫어서 몸이 안 좋다고 꾀병을 부리는 직원도 있었고, 심지어 엉엉 우는 여직원도 있었다.

그래서 늘 내가 먼저 시범을 보였다. 특히 날이 궂고 쌀쌀할 때는 물에 들어가기가 쉽지 않다. 비가 온 뒤나 강물이 흙탕물이 될 때는 더더욱 들어가기가 꺼려진다. 그런 날은 아무리 바빠도 내가 먼저 간다. 서울에서 새벽 6시에 출발하면 홍천강에 7시 30분쯤에 도착해서 수상스키를 두 번쯤 탄다. 그러면 직원들이 도착할 시간이 된다.

직원들이 도착하면 간단하게 인사를 나누고 '내가 먼저 들어갈 테니 다들 들어와'라며 물살을 가르며 나아간다. 수상스키를 타다 보면 물살에 휩쓸리기도 하고, 강을 한 바퀴 돌고 들어올 때면 물속에 풍덩 빠지게 되어 있다. 그러면 50대 후반의 회장님도 물속에 들어가는데 20~30대 직원들이 어찌 안 들어오고 배길 수가 있겠는가. 한 사람 두 사람 물에 풍덩풍덩 들어와서 수상스키와 웨이크보드, 바나나보드를 타며 하루를 즐겁게 보낸다. 그러다보면 스트레스가 확 날아간다.

재미있는 것은 평소에 자기를 못살게 구는 상사가 물에 빠지면 직원들은 야유를 보낸다. "그런 것도 못하세요?"라면서 말이다. 관리직, 특히 고위직 임원들이 수상스키를 못 타고 물속에 빠져 허우적거리면 직원들이 그렇게 통쾌해할 수가 없다. 평소에 늘 괴롭혀 안 그래도 물을 먹이고 싶었는데, 자기가 알아서 물을 먹으니 그 기분이 어떻겠는가?

이렇게 해서 직급간의 장벽이 서서히 허물어지고 소통의 장이 열리면서 열린 조직문화로 바뀌어갔다. 그 결과, 첫 부임 당시에 있었던 노사분규 이후 지난 8년 동안 단 한 건의 노사분규도 없었다. 그리고 노조에서는 8년째 임금 인상을 경영진에 위임하고 있다. 그만큼 신뢰에 바탕을 둔 노사협력관계가 만들어졌다는 말일 것이다.

창의적인 CEO가 되기 위한 경영방침

스포츠를 도입해서 전 직원의 화합을 이룬 것처럼, 요즘에는 창의적인 나만의 경영을 해나가려고 노력한다. 왜냐하면 아무리 경영의 기본은 같다고 하지만, 우리 회사의 상황과 직원들을 가장 잘 알고 있는 사람은 나이므로 우리 회사의 상황과 직원들에 맞는 경영을 주도해나가야 한다는 생각 때문이다.

다음은 창의적인 CEO가 되기 위해 주안점을 두고 실천하고 있는 경영방침을 소개한다.

디자인이 경쟁력이다

나는 공대 출신으로 사실 디자인과는 거리가 멀다. 그러나 일찍부터 디자인이 중요하다는 것을 알고 나름대로 공부도 하고 해외에 다니면서 많이 보고 익히면서 안목을 키워왔다. ADT캡스에 와보니 보안업계에서는 디자인에 별로 신경을 쓰지 않는 것을 알게 됐다. 아니, 아예 관심이 없었다는 표현이 맞겠다.

내가 ADT캡스에 와서 가장 먼저 개선해야겠다고 주목한 것이 디자인 부분이었다. 어떻게 하면 보안업계에도 디자인을 접목할 수 있을까를 고민하다가 먼저 출동 제복부터 바꾸어보기로 했다. 당시 보안업계의 출동 제복은 천편일률적이었다. 검은색 아니면 회색, 이른바 터프가이들의 색깔이라고 할 만했다.

나는 우리나라 최고의 패션디자이너를 초빙해서 디자인을 바꾸어달라고 했다. 그렇게 해서 산뜻한 네이비 컬러에 하의도 요즘 유행하는 트레이닝복 스타일이 나오게 됐다. 우리 직원들은 새로운 제복을 보고 처음에는 좀 쑥스러워했지만 주위에서 멋있다고 하니까 만족해하는 것 같다. 그리고 고객들도 대체로 호의적인 반응을 보인다.

다음으로 출동 차량 디자인도 새롭게 했다. 500대가 넘는 우리 회사의 출동 차량들이 24시간 전국을 누비고 다니는데도 별로 눈에 띄지 않았다. 그래서 출동 차량의 실크 프린트를 스포츠카처럼 아주 날렵하게 만들었다. 그뿐만이 아니다. 제품 디자인부터 실내 디자인까지, 크고 작은 곳곳의 디자인을 바꾸어나갔다.

이렇게 디자인에 관심을 갖고 투자한 결과, 우리 회사의 경쟁력을 높이는 데 크게 기여했다. 특히 즐거운 직장을 만드는 데 많은 도움이 되었다.

리버스 멘토링, 후배가 선배를 코칭하다

리버스 멘토링Reverse Mentoring도 내 창조경영의 중점 사항 중 하나이다. 리버스 멘토링이라고 하면 조금 생소할 것이다. 다들 알다시피 멘토링은 선배가 후배에게 가르침을 주는 것이다. 그런데 리버스 멘토링은 거꾸로 후배가 선배를, 신참이 고참을 가르치는 것이다. 사실 위에서 아래로 일방적으로 흐르는 멘토링은 그 소리가

임원진들이 신입사원에게 안마를 해주고 받은 돈을 모아 기부하는 송년회

그 소리 같고 재미가 없다. 또 늘 하는 잔소리 같아 마음에 와닿지도 않는다. 이에 반해 리버스 멘토링은 윗사람이든 아랫사람이든 상하관계 없이 서로 코칭을 하며 의사소통이 잘 되게 하고, 또 그렇게 해서 재미를 주자는 개념이다.

리버스 멘토링이라고 해서 그렇게 거창한 것은 아니고 아주 간단한 것에도 손쉽게 적용할 수 있다. 회사생활을 하다보면 가끔 회식을 하게 된다. 어느 회사나 이 회식 문화는 비슷하지 않나 생각한다. 회사 업무를 마치고 삼겹살집 가서 저녁 먹으면서 소주 한잔을 할 것이다. 그런 다음 2차로 어김없이 노래방을 갈 것이다. 회식 후의 노래방 장면을 상상해보라. 십중팔구 최고참 상사가 가운데 앉고 나머지 직원들이 쭉 둘러앉을 것이다. 그러고는 젊은 직원에게 "너 나가서 분위기 좀 띄워봐"라고 말할 것이다.

그러다 시간이 지나면 "우리 본부장님, 한 곡 부르세요" 하는 멘트가 나오고, 본부장이 어떤 노래를 부를 것인지 이야기하면 대개는 사원이나 대리급의 젊은 직원이 뛰어나가서 노래방 기기의 번호를 누른다.

이제 본부장이 나가서 노래를 부르는데, 본부장이나 상사의 노래는 어찌 그리 한결같은지. 이번에 들으면 열 번째, 지난번 회식 때도 불렀고 작년 망년회 때도 불렀다. 상사가 노래를 하면 중간 간부들이 꼭 독려를 한다. "다들 나와, 나와!" 그러면 모두 쭈뼛쭈뼛 일어나서 춤을 추고, 상사의 노래가 끝나면 "앙코르, 앙코르!"를 외친다. 상사를 기분 좋게 하기 위해 내키지 않더라도 할 수밖에 없다. 그런데 이 상사가 눈치가 있는 사람 같으면 대충 들어와서 앉는데 눈치 없는 상사는 "앙코르? 그럼 이번에는 신나는 거 한 번 해볼까" 하면서 마이크를 놓지 않는다. 이러면 젊은 직원들은 재미없게 마련이다. 나중에는 노래도 잘 듣지 않고 자기 노래 찾느라 바쁘다.

그래서 우리 회사에서는 간부 워크숍을 할 때 팀장, 본부장급한테 꼭 미션을 준다. '이번 워크숍에는 신곡, 5자리 숫자의 노래를 반드시 2곡 이상 마스터해서 와라. 만일 그렇지 못할 경우에는 인사고과에 불이익을 주겠다.' 이렇게 엄포를 놓으면, 요즘 유행하는 노래를 배우려고 상사들이 젊은 직원들한테 코칭받느라 바쁘다. 가끔은 전문 댄스 강사를 초빙해서 유행하는 춤곡을 배우기도 한다. 텔미부터 노바디 댄스, 지 댄스…… 젊은 직원들이 보기에는 나이 든 사람들이 주책스럽다 싶을 것이다. 그러나 회사 분위기를 즐겁게 하기 위해서 상사들이 그 정도 망가지는 것쯤 감수해야 하지 않겠는가? 작은 부분 같지만 이런 노력의 결과 우리는 열린 문화, 열린 가족으로 소통이 되는 조직문화를 만들 수 있었다.

윤리경영으로 나아가라

2000년대에 들어와서 전 세계적으로 가장 강조되고 있는 두 가지 키워드는 윤리경영과 다양성이다. 이 또한 선진경영으로 가려면 놓칠 수 없는 중요한 부분이다. 2001년에 있었던 엔론 사태를 모두 기억할 것이다. 미국 최대의 기업이 경영진의 탐욕으로 부패경영을 한 결과 하루아침에 파산을 맞았다. 직원들이 일자리를 잃고 거리로 내몰리고 투자자들 또한 엄청난 손실을 본, 사회에 큰 무리를 일으킨 사건이었다. 이 사건은 당시 모든 기업에 경종을 울렸다. 그런데도 그 이후에 유사한 사건이 두세 차례 더 발생했다.

이 사건을 계기로 기업의 문제는 더 이상 기업만의 문제가 아니라 사회적인 문제로 인식하게 되었고, 정부가 나서서 윤리경영을 법으로 규정해서 강화하기 시작했다. 윤리경영은 기업에 손해가 되는 것이 아니라 오히려 그 반대이다. 뒷거래나 뇌물 주는 일 없이 정정당당하게 제품이나 서비스로 경쟁해야 한다. 그러다보면 기업의 핵심역량을 키우게 되고, 시장점유율도 늘어나 장기적으로는 큰 이익이 창출된다. 이것이 윤리경영의 진정한 의미이다.

'윤리'를 거꾸로 하면 '이윤'이 되지 않는가? 윤리라는 것은 결코 이윤을 무시하자는 것이 아니라 더 큰 이윤을 만들자는 것으로 제대로 인식해야 한다.

다양성으로 승부하라

윤리경영과 함께 강조되는 것이 다양성이다. 그렇다면 다양성이란 무엇일까? 다양성은 그 회사의 인적 구성이 그 회사가 타깃으로 하는 다양한 시장 고객층에 맞게 구성되어야 한다는 것을 의미한다. 그래야 고객의 니즈에 부응해서 시장을 제대로 공략할 수 있다. 이제 다양성은 약자보호, 여성보호, 마이너리티, 인도적인 차원의 구호의 개념이 아니라, 회사의 생존을 위한 경쟁력을 갖추는 데 있어 필연적이고 전략적인 요소이다. 그래서 요즘은 다국적 기업 CEO의 중요한 평가항목 중에 다양성을 얼마나 잘 유지하고 경영에 적용시키는가를 보는 다양성 매니지먼트가 들어간다.

다국적 기업은 전 세계 시장을 대상으로 비즈니스를 한다. 그런 만큼 지역적으로는 미국, 유럽, 남미, 아시아 간에 차이를 보일 것이다. 또한 민족과 종교 간의 차이도 있고, 백인·흑인·아시아 인간의 차이, 여성·남성의 차이도 있을 것이다. 그런데 글로벌 기업 본사의 경영진이 백인 남성 위주의 경영을 한다면 어떻겠는가? 그 다양한 시장의 다양한 고객들의 니즈를 잘 파악하지 못해 제대로 대응하지 못할 것이다. 그렇기 때문에 다양성은 경쟁력을 갖추기 위한 필수 요건이 된다는 말이다.

이것을 우리나라에 적용해보면 어떨까? 우리나라는 아무래도 단일민족이므로 다양성이라는 것이 여성과 남성, 세대 간의 구성 같은 것에 초점이 맞춰져 있다. 요즘 보면 여성들의 활약상이 눈부시다. 우리 회사만 해도 신입사원을 뽑을 때 절반 이상이 여성이다. 우리 회사에서 신입사원을 뽑을 때 단체 면접을 보는데 여성들이 훨씬 경쟁력이 강하다. 말도 잘하고 토익 점수도 높다. 이른바 사회에 나올 준비가 잘 되어 있는 것이다.

그런데도 우리 사회 전반적으로 보면 아직도 여성들이 사회에 진출해서 성장하는 데 선입견이 있고, 흔히 '유리 천장'이라고 하는 보이지 않는 장벽이 있다.

예전에 대기업에 다니는 친구와 이런 말을 주고받은 적이 있다.

"얼마 전에 여성 임원이 왔는데 대단해. 아주 잘할 거야."

"어떤 여성 임원인데?"

"응, 여자가 아니고 완전히 남자야, 남자. 아주 씩씩해."

우리 한번 잘 생각해보자. 남자 같은 여자를 뽑으려면 왜 굳이 여자를 뽑겠는가? 남자도 차고 넘치는데 말이다. 우리가 여성 인력을 뽑는 것은 섬세하고 감수성이 풍부한 여성의 특성을 잘 활용하기 위해서이다.

우리 회사에서는 여성에 대한 다양성 매니지먼트에 많은 관심을 갖고 투자를 아끼지 않는다. 그 결과, 지금은 우리 회사의 최고 재무책임자도 여성이고, 본부장 중에도 여성이 2명이 있으며, 팀장 중에는 셀 수 없이 많다.

우리 회사에 아주 막강한 경호팀이 있는데, 경호팀이라고 하면 다들 남성 전용의 영역이라고 생각할 것이다. 그런데 그 경호팀 팀장에 여성이 임명됐다. 이용주 팀장으로 아마 한국 최초의 여성 경호팀장일 것이다. 그러다보니 화제를 많이 모아서 신문, 잡지 인터뷰도 많이 한다. 이용주 팀장은 무술이 10단으로 팀원들을 잘 다독거리면서 팀을 잘 이끌고 있다.

CEO는 브랜드이다

CEO로 살아온 지 어느덧 올해로 12년째를 맞는다. 10년이 넘는 세월 동안 나름대로 참 소중한 자산도 쌓았는데 이제 그 이야기를 하려고 한다.

먼저 CEO라는 브랜드에 대해 이야기하고 싶다. 아마도 가장 유명한 CEO라고 하면 CEO로서 이미 브랜드가 된 스티브 잡스 등을 떠올릴 것이다. 그들을 보면서 회사의 이미지 못지않게 CEO로서 개인 브랜드를 관리하는 것도 중요하다고 생각하고 CEO로서 나의 브랜드도 잘 관리하려고 노력하고 있다.

ADT캡스의 CEO로서 쌓은 가장 큰 자산이라면, 2002년에 노사 분규를 겪은 이후 취한 후속 조치를 들 수 있다. 전 직원이 공감할 수 있는 비전을 만드는 일부터 시작했는데, 첫 번째 비전은 '업계 최고의 회사를 만들자'라는 것이었다. 우리 회사가 이미 세계 1위 의 보안기업이니까 이것은 그다지 어려운 일이 아니었다. 그러니

스키장에서의 팀빌딩

이것만 가지고는 충분하지 않았다. '업계 1위를 하기 위해 열심히 일하자'는 것은 당연한 것으로 직원들 가슴에 크게 와닿는 비전이 아니었다.

그래서 두 번째로 만든 비전이 '업계에서 가장 일하기 좋은 회사를 만들자'라는 것이었다. 여기에는 모두 수긍하고 공감했다. 우리가 다니는 직장을 즐거운 일터로 만들자는 데 반대할 사람은 없을 것이다.

새롭게 만든 비전을 바탕으로 소통의 문화를 하나씩 완성해나갔다. 그 덕분인지 지난 5년 동안 우리 회사는 목표를 초과 달성해왔다. 특히 최근의 불황 속에서도 2008년에는 16퍼센트, 2009년에는 14퍼센트의 성장률을 보였다.

그렇다면 이제는 CEO로서 앞으로 내가 가야 할 길이 더 중요하다고 생각한다. CEO로서 해야 할 가장 중요한 일은 무엇일까? 물론 성과를 내는 것도 중요하겠지만 앞으로는 5년 뒤, 10년 뒤를 내다보면서 또 다른 비전을 세워 회사의 미래가치를 높이는 데 기여하고자 한다.

물론 나는 언제까지나 ADT캡스에 있지는 않을 것이고 때가 되면 은퇴할 것이다. 전문경영인으로서의 가장 큰 보람은 결국 내가 CEO로 있으면서 키워온 조직문화, 내가 발굴한 인재들, 또 여러 가지 경영 시스템이 아닌가 한다. 이러한 것들이 내가 떠난 뒤에도 회사 발전의 밑거름이 된다면 그보다 행복한 일이 어디 있겠는가.

다른 회사의 CEO들이 나에 대해 이런 이야기를 주고받는 것을 들은 적이 있다.

"ADT캡스 이혁병 회장 알아? 그 사람 만능 스포츠맨이라면서? 얼마 전에 신문에서 보니까 수상스키 타는 사진 나왔더라. 겨울에는 알파보드도 타고 심지어 겨울에도 수상스키를 탄다던데. 그 나이에 정말 대단해."

기자들도 인터뷰 때 이런 말을 하곤 한다.

"회장님, 참 대단하십니다. 스포츠를 그렇게 잘하신다면서요? ADT캡스 이미지와 딱 맞습니다. 보안업계라고 하면 누군가를 지켜줘야 하니 아주 든든하고 강인한 이미지가 필요한데, 회장님께서 워낙 스포츠를 좋아하시니까 기업 이미지와 잘 어울립니다."

내가 스포츠를 좋아하는 것이 경영에 많은 도움이 되었고, 나 자신의 브랜드도 되었다. '스포츠를 사랑하는 CEO'로 계속 남을 수 있다면 그것만으로도 아주 행복한 CEO가 된 것이다.

스포츠를 마케팅에 활용하다

나는 마케팅에도 스포츠를 많이 활용했다. 우리 회사에 '골든이글스'라는 미식축구팀이 있다. 우리나라에 대학 미식축구 선발팀과 사회인으로 구성된 선발팀인 한국 슈퍼볼이 있는데, 이름이 '김치볼'이다. 그런데 우리 회사의 '골든이글스'가 김치볼에서 우승했다. 미식축구 외에도 우리 회사는 골프를 후원하고 있다. 우리 회사에서 주최하는 국내 여자 프로골프 대회가 제주도에서 열리는데 올해로 7년째가 된다.

지금은 야구에도 관심을 가지고 서울 잠실구장, 광주구장, 부산 사직구장, 인천 문학구장을 연고지로 하는 4개 구단과 함께 조인트 마케팅을 하고 있다. 인천 문학구장에서 한화와 SK의 시합이 열렸을 때는 내가 직접 시구자로 나서서 스트라이크를 던져 관중들로부터 우레와 같은 박수를 받았다.

이렇게 나 스스로 CEO로서 내 브랜드를 관리해온 것이 우리 직원들한테도 롤 모델이 될 것이라고 자부한다. 또한 대외적으로도 우리 회사의 이미지와 잘 맞는다는 평판을 받아 우리 회사의 미래 가치에도 많은 기여를 할 것이라 믿는다.

CEO로 산다는 것은 결코 녹록하지 않다. 남들보다 잠도 적게 자야 하고, 회사의 모든 일에 대해서 최종 책임을 져야 한다. 뿐만 아니라 성과가 나쁘면 언제든 물러날 준비를 해야 한다. 그래서 CEO라는 직책은 겉으로는 화려해 보일지 몰라도 사실상 임시직

중의 임시직이라고 할 수 있다. 어느 CEO가 은퇴 후에 한 말이 기억난다.

"회장으로 있는 동안 마음고생 정말 많이 하고 힘들었다. 이제 그만두고 나니까 아쉬움은 좀 남지만 참으로 홀가분하다."

나는 지금까지 CEO로서 즐겁게 일을 해왔다. 나의 열정을 바칠 수 있는 회사가 있어서 좋았다. 항상 나의 가능성을 확인할 수 있고, 그 가치를 실현할 수 있는 곳이 있어서 행복했다. 은퇴하는 날 나는 아마도 이렇게 말할 수 있을 것 같다.

"회장으로 살면서 신나게 즐겼다. 참으로 행복했다!"

| 이혁병의 경영노트 |

1. 즐겁게 일하는 직원이 고객에게 즐거움을 선사한다.
2. 직원들이 가장 일하기 좋은 회사를 만들자.

CEO
생생 토크

01_ '행복한 글로벌 리더를 꿈꿔라'라는 것에 대해서 말씀해주셨는데, 회장님만의 행복에 대한 기준이 있습니까?

'행복하다는 것'은 자기가 원하는 일을 하는 것입니다. 그런 면에서 본다면 저는 제가 좋아하는 스포츠가 회사의 중요한 경영 요소로도 자리를 잡았으니 행복하다고 할 수 있지요. 또한 일에만 매달리지 않고 다른 여러 가지 문화와 예술에도 관심을 가지고 그쪽 분야의 사람들과 교류하고, 젊은 직원들과 어울리는 것도 참 좋습니다. 나 자신이 젊어지는 것 같습니다. 그리고 스트레스도 운동으로 금방금방 풀어버리니까 많이 쌓이는 편도 아니고요. 저처럼 행복한 CEO도 많지 않을 것입니다.

직장생활을 시작할 때는 '경영자가 되어야겠다'라는 꿈을 특별히 갖지는 않았지만, 회사를 경영하면서 CEO로서 저의 재능과 가치를 실현해나가는 데 큰 보람을 느낍니다. 지금 회사도 잘 되고 있고, 좋은 인재도 많이 들어오고, 조직문화도 좋아지고 있어 크게 힘든 점은 없습니다. 저는 지금 CEO로서 경영을 참으로 즐기고 있다고 감히 말씀드릴 수 있습니다.

02_ 업계 최초로 여성 경호팀장을 임명했다고 하셨는데, 그 과정에서 다른 사람들의 반대에 부딪히지는 않았는지요? 그리고 반대가 있었다면 어떻게 대응하셨는지 궁금합니다.

물론 요즘은 인식이 많이 바뀌어가고는 있지만 우리의 기업문화에서는 여성은 일을 시키기 힘든 인력으로 생각하곤 합니다. 보안업계에서는 더욱 심하지요. 회사에서 여성 인력 양성에 소홀하다보니 더욱 남성 중심의 구조가 되었습니다. 어떤 사람들은 여성이 남성다워야 커리어우먼이 된다고 여기는데, 여성의 장점인 감성, 감수성, 섬세함은 어떤 자질과도 바꿀 수 없는 자산입니다. 이러한 다양성을 존중할 수 있어야 한다고 생각합니다.

제가 처음 ADT캡스에 부임한 2002년 당시에 여자 직원은 가장 높은 직급이 대리였습니다. 그러니 여자팀장도 있을 리 없고 대부분은 보조직이었습니다. 예를 들어 IT 파트만 해도 전체 18명 중에 여자가 한 명도 없었습니다. IT 팀장한테 "우리나라에 IT 여성 인력이 많은데 왜 우리 회사에는 한 명도 없느냐?"고 물었습니다. 그랬더니 "IT 팀은 야근도 많고 일도 빨리 처리해야 하는데 여자들은 야근 시키기가 어렵다"는 등의 답변이 돌아왔지요.

그래서 내가 "그래도 한번 해보자, 한번 뽑아보자, 시켜보자" 해서 여성 IT 직원을 채용하기 시작했습니다. 그러던 것이 지금은 18명 중에 8명이 여성 직원입니다. 그리고 이제는 아까 말씀드린 대로 재무책임자도 여성이고, 여성 이사도 2명, 팀장들 중에도 많은 편이며, 경호팀장도 여성입니다.

물론 반대도 있었습니다. 반대라기보다는 선입견이라고 하는 편이 더 맞을 것 같습니다. 여성을 요직에 임명하면 처음에는 다들 도와주려는 것이 아니라 '어디 한번 잘하나보자'라는 시선으로 쳐다봅니다. 따라서 여성이 어떤 자리에 임명되면 그가 잘할 수 있도록 코칭도 해주고 서포트도 해주는 것이 필요하다고 생각합니다.

03_ 보안기업 ADT캡스에 대해서 아는 분은 잘 알겠지만, 정확히 어떤 일을 하고 국내에서의 현재 상황과 전망에 대해서 듣고 싶습니다.

ADT캡스는 1971년 (주)한국보안공사로 출발해서 1999년 미국 ADT사가 인수하면서 만들어졌습니다. ADT는 미국 타이코 그룹의 화재 및 시큐리티 사업 부문에 속해 있는 회사로 1874년에 설립되어 1890년 최초로 무인경비사업을 시작했습니다. ADT는 37개국에서 700여만 명의 고객을 확보하고 있는 전 세계 시큐리티 시장점유율 1위 업체입니다. 현재 국내의 시큐리티 시장도 점점 커져 2009년 현재 1조 4,000억 원의 규모로 성장했으며, ADT캡스, 에스원, KT텔레캅이 2강 1약 체제로 시장을 나눠 가지고 있습니다.

　국내 무인 경비 · 보안 시장의 환경도 특정 장소를 지키는 단순한 무인경비에서 벗어나 이제는 영상 감지기를 통해 범죄를 사전에 예방하는 시스템으로 발전하고 있습니다. ADT캡스는 출입통제시스템, 종합무인경비서비스, 영상감시서비스, 통합보안시스템을 제공할 뿐만 아니라, 틈새 없는 모니터링 및 최단거리 출동 서비스를 가능케 하기 위해 신규관제시스템 ADT BlueMaster도 구축했습니다. 더불어 웹 상에서 무장, 해제, 정보조회를 할 수 있는 ADT Select, ADT 서치미서비스(LBS 위치기반서비스), 경호서비스 등 세계 1위의 시큐리티 회사인 미국 ADT사의 선진 기술과 서비스 노하우를 통해 고객에게 최고의 시큐리티 시스템과 보안 서비스를 제공하려 노력하고 있습니다.

리더십의 핵심은 사람과 미래이다

미래 한국을 이끌어갈 성공하는 글로벌 리더의 조건

아흐메드 A. 수베이(Ahmed A. Subaey) S-OIL 대표이사

1961 사우디아라비아 출생

1981 사우디 아람코에서 엔지니어링, 원유/NGL 생산, 프로젝트, 기획, 합작사업, 마케팅 등의 분야에서 근무

2003 사우디 페트롤륨 도쿄(Saudi Petroleum Ltd., Tokyo) 사장

2006 사우디 페트롤륨 인터내셔널(Saudi Petroleum International, Inc., New York) 사장 겸 CEO

2008 S-OIL 대표이사 CEO

Ahmed A. Subaey

한국 이름은 이수배입니다.

변화를 주도하는 리더십을 강조하는 글로벌 리더

'위기일수록 리더십은 큰 의미를 지니며, 변화의 시작은 리더십에 달려 있다!'
한국에 대한 애정이 각별해서 자신의 이름을 '수베이'가 아니라 '이수배'라고 말하는 아흐메드 A. 수베이Ahmed A. Subaey 대표. 그는 지금 기업들의 성패는 변화하느냐 마느냐에 달려 있으며, 변화의 시작은 위기를 무릅쓴 리더십이라고 강조한다. 사우디아라비아 출신으로 한국 S-OIL을 이끌고 있는 그는 한국어와 지리, 속담, 사자성어 등을 틈틈이 익히며 한국인과 한국문화를 진정으로 이해하려는 리더십을 보이고 있다. 2008년 3월 대표이사로 취임한 이래 지금까지 여러 차례 온산 정유공장을 찾아 그곳 직원들과 스스럼없이 어울리고 대화를 나누는 것도 그의 리더십 스타일에서 비롯되었을 것이다. 그는 성공하는 글로벌 리더의 조건으로 새로운 현상에 대처하는 능력, 새로운 기회를 능동적으로 활용하고, 변화하려는 강한 의지 등을 꼽고 있다.

리더십의 핵심은 사람과 미래이다

또한 그의 리더십은 언제나 '사람'과 '미래'를 향해 있다. 그가 말하는 리더는 비전과 상상력을 가지고 변화를 추구하며 전략을 짜는 사람, 수익성을 추구하는 매니저보다 더 업그레이드된 발상을 가지고 항상 미래를 준비하는 사람이다. 그는 이러한 성공적인 리더가 되기 위해서 조직의 가치를 포용할 수 있어야 한다고 말한다. 혼자 독단적으로 나아간다면 그 누구도 신뢰하지 못하는 실패한 리더가 될 것이라고 경고한다. 그는 덧붙여 성공적인 리더가 되기 위한 필수 조건으로 다음 두 가지를 들고 있다.
첫째, 사람에 대한 무한한 가능성과 열린 생각으로 그들이 보지 못한 것에 대해 확신과 믿음을 줄 수 있어야 한다.
둘째, 고객과 직원, 이해관계자에 중점을 두고 미래를 향해 발 빠르게 나아갈 수 있어야 한다.

아흐메드 A. 수베이 '변화가 휘몰아치는 위기상황에서 리더십은 더욱 빛을 발한다'고 말하는 사우디아라비아 출신의 아흐메드 A. 수베이 대표. 그는 IMF 이후 10년 만에 찾아온 최악의 경제위기 상황 속에서도 생산설비를 고도화하는 등 과감한 경영을 시도해, 효율적인 생산과 관리, 판매 시스템을 구축해 수익성을 높였다. 그 결과 그는 한국경영인협회에서 선정하는 '2009 가장 존경받는 기업인상'을 수상했다. 또한 S-OIL은 세계적인 에너지 마켓정보 분석·제공기관인 플래츠Platts가 선정한 2009 글로벌 에너지 대상에서, 세계 유수의 기업들을 제치고 올해의 정유회사 'Downstream Operations of the Year'에 뽑히기도 했다. 수베이 대표의 리더십론의 핵심은 '사람'과 '미래'이다. 그는 위기를 만드는 것도 사람이고, 위기를 해결하는 것도 사람이기에 리더는 사람에 관심을 갖되, 리더의 시선은 변화를 주도해서 비전을 이끌어내는 미래를 향해 있어야 한다고 강조한다. 성공적인 글로벌 리더의 모습을 유감없이 보여주고 있는 아흐메드 A. 수베이 대표에게서 미래 한국을 이끌어갈 성공적인 글로벌 리더의 모습에 대해서 들어보자.

리더십이라고 하면 이러한 질문들이 떠오를 것이다. 왜 리더십이 필요한가? 왜 리더십이 그렇게 중요한가? 어떻게 리더 한 사람이 그렇게 큰 변화를 가져올 수 있는가?

사실 성공적인 변화를 일으키려면 많은 사람들의 노력과 시간이 필요하다. 하지만 변화를 시작하는 것은 바로 리더십이다. 우리는 살면서 여러 곳에서 변화를 목격하게 된다. 정치든 경제든 사회든 어떠한 형태로든 변화가 있기 마련인데 그 출발점이 리더십인 것이다. 변화가 어느 한순간에 찾아오는 것이 아니라 리더십에서 변화가 시작된다는 뜻이다. 특히 위기가 닥쳤을 때 더욱 그러한데, 우리의 역사를 되돌아보면 어떤 시대든 위기가 있을 때 리더십이 등장한다. 그만큼 위기의 순간일수록 리더십이 중요하다는 뜻이다. 그런 의미에서 리더십은 큰 의미가 있다.

우리는 살아가면서 수많은 환경 변화를 겪고 그 변화 앞에서 많은 선택을 하게 된다. 그 변화의 속도는 정말 놀랄 정도로 빠르다. 예를 들어 내가 어렸을 적인 1970년대만 해도 리바이스 청바지는 두 종류밖에 없었다. 그런데 지금은 종류가 얼마나 많아졌는가? 그만큼 변화의 속도가 빠르고, 아울러 이 빠른 변화 앞에서 우리는 수시로 선택을 해야 한다.

청바지 제조업체를 예로 들었지만, 이러한 급속한 변화 앞에서 앞으로는 기업도 변화에 빠르게 대응하는 기업과 소멸하는 기업만이 존재할 것이다. 따라서 기업들은 급속한 기업환경 변화를 기회로 활용하기 위해 신속하게 대응을 해야 한다. 그렇지 않으면 뒤처질 수밖에 없고 생존하지 못하는 상황으로 이어진다. 다시 말해서 리더는 변화에 대응해야 하고, 변화를 수용하고 변화를 현실로 인정해야 한다. 그리고 변화를 이용해서 또 다른 변화를 주도해야 한다.

리더십의 핵심은 사람과 미래이다

리더십이라는 단어를 많이 사용하고 있는데, 너무 많이 사용하다 보면 그 의미를 잊어버리기 쉽다. CEO로 재임하는 동안 GE의 눈부신 성장을 이루어낸 잭 웰치의 리더십을 한번 보자. 그의 리더십은 많은 사람들이 모범으로 삼을 정도로 독특하면서도 효과적이었는데, 그는 리더십을 다음과 같이 정의했다.

"훌륭한 리더는 비전을 창출하고, 비전을 명확히 설명하여 자신은 물론 모든 사람에게 그 비전을 자신의 것으로 만들도록 하며, 강한 열정으로 비전을 실행하여 비전을 완수한다."

잭 웰치의 후계자로 현재 GE의 CEO인 제프리 이멜트Jeffrey Immelt는 다음과 같이 리더십을 정의했다.

"GE와 같은 다각화된 기업에 필요한 핵심 역량은 사람이다. 그래서 나는 내 시간의 3분의 1을 사람에 할애한다."

나는 리더십에 대해 두 사람과는 조금 다른 생각을 하고 있다. 나는 리더십이란 '사람'과 '미래'에 관한 것이라고 생각한다. 과거에 대한 리더십은 없다. 리더들은 과거에는 관심이 없다. 과거는 의미 없는 시간이기 때문이다. 물론 과거를 전혀 돌아보지 않는다는 의미는 아니다. 과거를 돌아보며 뼈저린 반성을 한다. 하지만 리더십은 미래, 변화에 대한 것이며, 결과가 아니라 사람에 대한 것이다. 만약 리더가 뒤를 돌아봤을 때 자신을 따르는 사람이 없다면 그는 더 이상 리더가 아니다. 리더십의 핵심은 사람이고 미래이다. 그리고 리더십의 결과물은 그들과 함께 만들어가는 미래이다. 이것이 내가 말하는 리더십이다.

성공하는 리더의 스타일

이처럼 리더십을 다양하게 정의 내릴 수 있듯이 리더의 스타일도 가지각색이다. 나는 리더의 스타일을 크게 네 가지로 분류해보려고 한다. 성공한 리더의 스타일을 분석해보는 것도 성공적인 리더가 되기 위해 중요한 일이라고 판단하기 때문이다. 또 서로 유형은 다르지만 나름대로 공통점을 분석해보는 것도 의미 있는 일일 것이다. 이를 통해 내게 맞는 유형을 선택하고, 그 유형에 맞는 공통점을 찾는 일이야말로 바람직한 리더십을 가지는 데 도움이 될 것이라 확신한다.

첫 번째는 '분석가형analyst style' 리더이다. 분석가형 리더는 작은 것에도 관심을 가지며 상세한 내용까지 알고 싶어한다. 이러한 유형의 리더는 융통성이 부족하고, 독단적인 면이 있으며, 무슨 일이든지 '나한테 증명을 해보라'고 요구하며 입증을 중시한다. 즉 사실 자체를 중요하게 생각하고, 구체적인 내용을 중요하게 여기는 유형이다.

두 번째는 '감독자형task master style' 리더이다. 한마디로 운동감독이나 선생님 같은 사람이다. 이러한 유형의 리더는 한 가지에 집중하며 그 일에 대해 매우 저돌적이다. 자율보다 통제를 중요하게 여기고 단기적인 목표에 관심을 갖는다.

세 번째는 '예술가형artist style' 리더이다. 이러한 유형의 리더는 즉흥적이거나 충동적인 측면이 많고, 겉치레를 중시하면서도 모험가 기질이 있다. 나무를 보기보다는 숲을 보는 스타일로, 전체를 염두에 두고 큰 그림을 보는 유형의 리더이다.

네 번째는 '친한 친구형good buddy style' 리더이다. 이러한 유형의 리더는 동료나 직원을 친구처럼 대하고 아껴주며, 타인의 감정을 존중한다. 따라서 공감대가 잘 형성되어 열정을 고취하는 데 적합하다.

네 가지 유형의 리더 중에 여러분에게 특히 와닿는 리더의 유형이 있을 것이다. 또는 자신이 어떤 유형에 속하는지 생각해보는 사람도 있을 것이다. 반면에 '저런 유형의 리더는 정말 싫다'며 고개를 젓는 사람도 분명 있을 것이다. 이는 모두 개인의 성격이나 경험에 따라 판단하기 때문이다.

나는 성공하는 미래의 리더가 되기 위해서는 이 네 가지 유형을 모두 겸비해야 한다고 생각한다. 왜냐하면 상황에 따라서 다른 스

| 리더십 유형Types of Leaders |

분석가형	감독자형
세부사항에 집착 융통성 부족 독단적 '입증해보라' 식의 사고방식	한 가지 과제에 집중 몰아붙인다 통제적 단기목표 선호 경향
예술가형	친한 친구형
즉흥적/충동적 과시적 위험을 무릅쓴다 큰 그림을 본다	직원을 친구처럼 대함 열정 고취 타인의 감정 존중 이견에 대해 토의할 준비가 되어 있다

타일의 리더십이 효과를 발휘할 수 있기 때문이다. 결국 훌륭한 리더란 상황에 맞추어 적절한 리더십을 발휘하는 사람이라 생각한다. 물론 개인의 성격에 따라 한 가지 유형의 리더십을 갖게 되겠지만, 네 가지 유형의 리더십을 그때그때 적절하게 발휘하는 것이 중요하다는 것을 알아야 한다. 그랬을 때 자신만의 독특한 리더십이 생길 수 있으며 탁월한 효과를 발휘하게 될 것이기 때문이다.

앞으로 우리가 살아갈 미래는 지금보다 더욱 복잡하게, 그리고 빠르게 변할 것이다. 지금과 확연히 다를 것이고, 사람들의 성격 또한 더욱 다양해질 것이 분명하다. 따라서 상황에 맞게 다른 유형의 리더십을 발휘해야 할 것이다.

리더 vs. 매니저

나는 리더와 매니저는 다르다고 생각한다. 많은 사람들이 매니저를 리더로 생각하기 쉬운데, 그만큼 리더와 매니저를 구분하기란 쉽지 않다. 겉으로 보기에 그들이 하는 일이 크게 달라 보이지 않기 때문이다. 하지만 리더와 매니저는 근본부터 다르다고 할 수 있다. 우선 조직 구성원이나 조직을 보는 시각부터 다르다. 업무를 계획하고 실행에 옮기는 과정을 살펴보면 이 둘의 차이는 더욱 확연하게 드러난다.

오늘·지금·현재의 문제에 관심을 갖는 매니저

매니저, 즉 관리자에게 중요한 것은 오늘, 지금, 현재이다. 그들에게 중요한 것은 당장 눈앞에 닥친 일들을 처리하는 것이므로 행동을 중요하게 여긴다. 또 한 가지 매니저의 중요한 역할 가운데 하나는 리스크 관리이다. 매니저는 무엇보다 위험을 최소화하는 데 성공해야 한다. 따라서 계획을 세우는 과정이나 실행 과정에서 리스크 관리에 가장 많은 신경을 쓴다.

또한 매니저는 다른 사람들에게 지시를 내리고 어떤 일을 '언제, 어떻게' 할 것인가를 결정한다. 이처럼 매니저는 리스크 관리를 전제로 혁신, 전술 기획, 관리, 행정 등 다양한 역할을 수행한다. 뿐만 아니라 그 회사의 상황을 개선하는 것도 매니저, 즉 관리자의 역할이다.

내일·미래·비전에 관심을 갖는 리더

반면 리더는 오늘이 아닌 미래, 즉 내일에 관심을 갖는다. 행동보다는 비전을 중요하게 여긴다. 따라서 리더는 언제 어떻게 처리할 것인가가 아닌 '무엇을, 왜' 할 것인가에 관심을 둔다. 전술보다 전략을 짜는 데 열중하며, 상상력을 발휘하여 새로운 것을 창조하는 데 열성적이다. 안정보다는 변화를 추구하며, 단순히 개선하려는 노력이 아닌 혁신적인 돌파구를 찾으려 한다.

이처럼 리더와 매니저를 비교해보면 추구하는 바가 확연히 다르다는 것을 알 수 있다. 매니저는 당장 현실적인 문제를 처리하기 위해 업무의 일관성을 유지하는 데 힘쓰며 규율을 만드는 일에 주력한다. 하지만 리더는 멀리 내다보고 다가올 변화에 대응하기 위해 '가치'를 창조하는 일에 힘을 쏟는다.

새로운 업무 계획을 세울 때에도 매니저는 예산을 먼저 파악하고 성공 가능성을 따진다. 정해진 결과를 얻기 위해 일정과 업무 추진 단계를 세우고 세부 업무 계획을 만든다. 반면 리더는 다가올 미래의 변화에 집중한다. 그 변화에 따라 기업이 나아갈 방향과 목표가 달라질 수 있고, 그에 따라 미래 비전을 세울 수 있기 때문이다. 리더는 비전을 바탕으로 전략을 세운 후 오로지 그것만 보고 달려가는 사람이다. 그렇다고 매니저는 아예 미래에 관심이 없고, 리더는 현실적인 문제의 해결을 전혀 염두에 두지 않는다는 의미는 아니다.

예를 들어 새롭게 수립된 업무 계획이 있다고 가정해보자. 매니저는 업무를 추진하기 위해 인력을 구성하고 그들 각자에게 업무를 분담하는 등 마치 새로운 회사를 만드는 과정과 유사한 업무를 수행한다. 매니저는 조직을 컨트롤할 수 있는 시스템을 고안하고, 업무지침이나 근무지침 등을 만든다. 즉 업무를 추진하기 위해 눈

| 리더 vs. 매니저 |

구분	매니저	리더
목표 설정	계획 및 예산 수립	방향 설정, 미래 비전과 전략 수립
목표 달성을 위한 네트워크 개발	조직 및 조직원 구성	전략과 비전 공유 팀 구성
목표 실행	통제 및 문제 해결	동기부여 및 격려
결과	예측가능성 및 질서	변화

앞에 닥친 일을 차근차근 해결하는 것이다. 이는 일을 추진하기 위해 기초를 다지는 것과 같다.

리더도 물론 인력을 확보하고 업무를 분담하여 일을 추진하는 것은 매니저와 같다. 다만 리더는 눈앞에 닥친 업무 준비를 하는 대신 일을 성사시키기 위한 비전과 전략을 만든다는 점에서 매니저와 다르다. 리더는 일을 어떻게 해야 하는가라는 구체적인 표준 업무지침을 만들기보다는 새롭게 수립된 업무의 비전을 이해하는 팀을 만들려고 노력한다.

매니저는 당장 눈앞에 닥친 문제를 해결하면서 직원과 리스크를 관리하는 데 관심을 둔다. 사실 매니저는 한 회사의 하드웨어인 건물, 자본, 인력 등 조직을 운영하기 위한 자원을 모두 확보하고 있기 때문에 현실적인 문제를 해결하는 데 있어 탁월한 능력을 발휘한다. 그는 현실과 미래 사이에서 현실과 계획의 격차를 조정하는 등 현실적인 면에서 중요한 역할을 한다. 반면 리더는 구성원에게 동기를 부여하고 영감을 불어넣는 등 사기를 충전하여 근로의욕을 고취시키는 과정에서 뛰어난 능력을 보여준다.

매니저와 리더의 차이점을 정리해보면, 매니저가 안전성을 확보하고 새로운 질서를 만드는 데 탁월한 능력을 보여주는 사람이라면, 리더는 외부의 변화에 대응하며 조직 내에서 변화를 이끌어내는 사람이다. 리더는 현재 기업의 성과가 좋든 나쁘든 당장의 결과보다는 어떻게 하면 내일은 더 좋은 성과를 얻을 수 있을지를 고민한다. 다시 말해 매니저는 현재의 수익에 관심을 갖는 사람이고, 리더는 현재의 수익보다는 내일의 비전에 관심을 갖는 사람이다.

리더와 매니저는 같은 곳을 보는 동반자

지금까지 리더와 매니저의 차이에 대해 설명했는데 그렇다면 매니저와 리더의 역할이 항상 고정되어 있는 것일까? 물론 그렇지는 않다. 지금부터 매니저와 리더의 역할을 좀더 구체적으로 살펴보기로 하자.

매니저는 회사의 수익에 관심을 갖지만, 리더가 보기에 현재의 수익은 과거의 의사결정에 대한 결과일 뿐 미래를 설명해주지는 못한다고 생각한다.

리더는 회사가 실적을 어떻게 내서 현금 흐름이 어떠하고 그래서 대차대조표 상에 나타나는 회사의 재무상태가 어떠한지는 오늘의 일이 아니라 어제까지의 일이라고 본다. 바꾸어 말하면 수익, 즉 bottom line은 지금까지 어떻게 왔는지에 대해서만 설명할 뿐, 앞으로 어떤 일을 할 수 있는지에 대해서는 전혀 알려주지 못한다고 생각하는 것이다. 그때 리더가 더 관심을 갖는 부분은 바로 top line이다. top line은 bottom line의 원천이며 미래 비전 실현을 위해 채택한 전략에 따라 그 규모와 구성이 달라진다.

이처럼 매니저와 리더는 서로 다른 성향을 지니고 있다. 둘 간에 충돌이 있을 수 있다고 생각할지도 모르겠지만, 기업의 발전을 위해 일을 하고 있다는 점에서는 차이가 없다. 다만 업무를 추진하는 과정에서 우선순위와 방법이 다를 뿐이다. 매니저는 bottom line에 리더는 top Line에 더 관심을 가질 뿐, 서로 다른 곳을 바라보는 것은 아니다. 오히려 업무에 임하는 입장과 태도는 자신의 직책상 다를지 모르나 기업을 성장시켜야 한다는 의욕과 열정은 대단해서 서로 협조관계를 유지하며 같은 곳을 향해 달려간다. 기차 레일은 아무리 달려도 만나는 일이 없지만 목적지에 함께 도착하는 것과 같은 이치이다.

또 하나 더 이야기하면, 리더는 매니저보다 수익에 대해 관심이 적다는 것이다. 탄탄한 수익성이 보장되지 않는 상황이라면 top line은 무의미하다. 오늘의 재무상황이 탄탄하지 않으면 그 회사는 미래에 대한 선택권이 없다. 성장이나 발전에 대해 생각할 여지조차 없으며, 그저 생존하기에도 힘에 벅찰 뿐이다. 따라서 미래에 관심을 갖기 이전에 일단 오늘의 수익에 관심을 가져야 한다. 그래서 리스크 관리가 주업무인 매니저는 수익성에 관심을 집중하는 것이다. 리더라 해도 수익성을 염두에 두지 않는다면 진정한 리더라고 보기 어렵다.

뛰어난 스포츠계 리더에게서 배우는 리더십

나는 리더를 이야기할 때 스포츠를 예로 들어 설명하곤 한다. 승패가 분명하게 갈리는 스포츠와 기업의 목적은 분명하다는 점에서 아주 많이 닮았기 때문이다. 지금부터 매우 특별한 2명의 리더를 소개하려고 한다. 아마 이분들을 모르는 사람은 없을 것이다.

먼저 히딩크 전 한국 국가대표 축구팀 감독이다. 히딩크라는 이름을 듣는 것만으로도 2002년 그 뜨거웠던 월드컵 현장이 생각나면서 감격에 겨울 것이다. 2002년 한일월드컵 당시 한국 대표팀을 4강까지 진출시킨 그의 성과는 이루 말로 표현할 수 없을 정도로 대단한 것이었다. 이후 히딩크는 2006년 독일월드컵에서 호주 대표팀을 사상 처음으로 16강에 올려놓았다. UEFA 2008 대회에서는 러시아 대표팀을 이끌고 또 4강에 진출, 러시아 국민을 열광의 도가니에 빠뜨렸다. 그뿐만이 아니다. 러시아 대표팀 감독을 하면서 동시에 영국 프리미어 리그의 명문 구단인 첼시의 감독직을 수락, 재임기간 동안 한 번도 패배를 경험하지 않았을 뿐만 아니라 잉글랜드 FA컵 대회에서 우승을 이끌어냈다.

히딩크의 성공을 보면서 내가 가장 먼저 주목한 것은 '기본에 충실하자'라는 그의 철학이다. 이것이 바로 내가 히딩크 감독을 예로 든 이유이다. '기본적인 체력과 힘이 없으면 경기를 할 수 없다'는 것이 축구감독인 그의 생각이다. 사실 지극히 당연한 말이다. 누구라도 그렇게 말할 수 있을 정도로 평범한 이야기이다. 그러나 그런 생각을 실천에 옮긴 감독은 그다지 많지 않다.

그동안 한국 축구선수들은 체력은 좋지만 기술이 약하다는 게 정설이었다. 그러나 히딩크는 한국 최고의 선수들에게 무엇보다 체력을 강조했다. 어찌 보면 당연한 일이었지만, 아무도 관심을 기울이지 않았던 체력을 히딩크는 가장 중요하다고 생각했다. 운동선수의 기본은 체력이고, 그의 판단이 옳았다는 것은 2002년 6월에 입증되었다.

두 번째는 그의 리더십 스타일에 관심이 갔다. 히딩크는 선수들을 신뢰했고, 그 신뢰를 바탕으로 항상 숙제를 내주었다. 그런데 숙제를 내주는 입장에서 선수를 대하는 태도가 달랐다. '너는 실력이 부족하니 연습을 더 많이 하라'라는 의미의 숙제가 아니라, '너는 능력이 있으니 이 정도 숙제는 충분히 할 수 있을 것'이라는 점을 강조한 것이다. 덕분에 선수들은 스스로 자신의 기대치를 높일 수 있었고, 감독에게 신뢰받고 있다는 심리적 자신감을 바탕으로 경기에 임할 수 있었다. 그 결과는 정말 놀라웠다. 2002년 월드컵이 개막하기 전 히딩크가 호언장담했던 것처럼 그는 결과를 보여주었고 그야말로 기적을 이루어냈다.

만약 교사가 학생에게 또는 상사가 부하에게 과제를 주면서 '과연 네가 이 과제를 할 수 있을까?'라는 의구심을 갖는다면 어떻게 될 것 같은가? 그 숙제를 받은 당사자들 역시 '과연 내가 이것을 할 수 있을까?'라고 의구심을 갖게 될 것이다. 그러나 히딩크는 그렇게 하지 않았다. 숙제를 주기에 앞서 신뢰와 믿음을 주었고, 그 단순한 사실이 놀라운 결과의 원동력이 되었다.

두 번째로 소개하는 분 역시 모르는 사람들이 없으리라 생각한다. 2008년 베이징 올림픽 이후 많이 부각된 사람인데, 두산베어스 야구단의 김경문 감독이다.

김 감독 역시 선수들에게 신뢰와 지지를 아낌없이 보내주는 스타일의 리더이다. 만약 어떤 선수가 경기력이 좋지 않더라도 '이 선수는 재능이 있다'고 생각하면 끝까지 출전을 시키는 것이 그의 방식이다. '끊임없이 믿음과 신뢰를 준다면 언젠가는 잘할 것이다'라는 믿음을 갖고 있었기 때문이다. 목적을 지향하면서 동기를 부여하는 방식이 그의 리더십 스타일이다.

성공하는 리더가 되기 위한 자질

그렇다면 진정한 리더를 만드는 자질은 무엇일까? 물론 상황에 따라 다를 것이다. 미국에서 9만 명을 대상으로 '리더와 리더십'에 관한 설문조사를 한 적이 있는데, 설문 문항 중에 '어떤 리더와 일하고 싶은가?'라는 질문이 있었다. 이 질문은 내가 여러분에게 꼭 하고 싶은 질문이기도 하다.

'당신은 어떤 리더와 일하고 싶은가?'

눈을 감고 마음속 깊이 생각해보기 바란다. 나 역시 스스로에게 이런 질문을 하곤 한다.

'나는 어떤 리더를 좋아할까?'

'나에게 필요한 리더는 어떤 사람일까?'

물론 똑똑한 사람과 일을 하고 싶고, 최고 기업의 리더와 함께 일을 하고 싶고, 강한 열정과 의지를 가진 리더와 일을 하고 싶을 것이다. 아마 많은 사람들이 나처럼 생각할 것이다. 그런데 설문 조사 결과는 완전히 딴판이었다.

'나와 조직을 아껴주는 정직한 리더와 일하고 싶다.'

이렇게 답변한 사람이 가장 많았다. 이유는 무엇일까? 사실 리더의 자질, 능력, 스타일, 열정 등은 리더 개인의 문제라고 생각할 수 있다. 중요한 것은 리더와 나와의 관계이다. 리더가 나를 아껴준다면, 그리고 내가 근무하고 있는 회사를 소중하게 생각한다면 스스로 존중받는 느낌을 받게 될 것이다. 그렇게 되면 스스로에게 동기부여가 되고 결국 열심히 일할 수밖에 없게 될 것이다.

김경문 감독과 히딩크 감독 모두 마찬가지이다. 선수 한 사람 한 사람에게 무한한 신뢰를 보내고 자신이 근무하는 구단을 소중하게 생각했다. 이런 신뢰를 바탕으로 열정적으로 노력하는 감독의 모습을 본 선수들은 훈련은 물론 실전에서도 최선의 노력을 다할 수 있었을 것이다.

기업에서도 마찬가지이다. 리더가 직원들에게 이런 적극적인 신뢰와 열정을 보여준다면, 직원 스스로 자신의 능력을 120퍼센트 이상 발휘할 것이다.

'리더가 나를 아껴준다.'

이런 사실을 아는 직원이라면 당연하지 않겠는가.

리더의 위치에 오르는 것보다 더욱 어려운 것은 리더의 자리를 지키는 일이다. 리더가 되기 전에는 주어진 일을 성공적으로 마무리하는 것, 즉 자신의 일에 최선을 다하면 그만이었다. 하지만 리더가 된 이후에는 상황이 달라진다. 살펴야 할 일도 많고 주변의 기대치도 높아지기 때문이다. 그렇다면 성공하는 리더가 되기 위해 갖추어야 할 자질에는 어떤 것이 있는지 알아보자.

첫 번째 자질은 가치이다.

사실 바람직한 가치를 갖지 않은 리더는 매우 위험하다. 히틀러 같은 인물이 대표적인 예이다. 그런 리더에게 가치라는 것은 애당초 존재하지 않는다. 물론 효과적인 리더로서 원하는 결과를 얻어낼 수 있을지는 모른다. 하지만 히틀러의 예를 보아도 알 수 있듯 가치 자체가 없는 리더는 세상에 나타나지 않는 것이 바람직하다고 할 수 있다.

그렇다면 어떤 리더가 필요할까? 바로 조직의 가치를 포용할 수 있는 리더이다. 모든 조직은 가치를 가지고 있다. 나는 '한 회사의 리더로 누구를 선정할까?'라는 고민을 할 때 회사의 가치를 공유할 수 있는 사람을 선택한다. 조직에서 리더는 조직의 가치를 이해하고 공유하며, 그 가치를 더욱 확장시킬 수 있는 사람이어야 하기 때문이다.

두 번째 자질은 열정이다.

리더십은 사실 어려운 개념이다. 앞에서 리더십은 미래와 사람에 관한 것이라고 말한 바 있다. 모든 기업은 사람으로 구성되어 있고, 그들이 기업을 이끌어간다. 따라서 구성원인 그들을 조직화하는 일과 그들과 함께 한 조직의 방향을 설정하고 실천하는 과정에서 리더의 역할은 매우 중요하다. 이때 리더에게 가장 필요한 덕목이 열정이다. 사람들은 리더의 능력보다는 열정에 감동하기 때문이다.

또 그런 열정을 바탕으로 미래에 대한 확신과 신뢰를 가져야 한다. 여기서 한 번 더 생각해보아야 할 것은 감정적으로 접근해서는 안 된다는 점이다. 이성이 아닌 감정이 바탕이 된 열정은 상황을 더욱 악화시킬 수 있기 때문이다. 감정은 판단을 흐리게 한다. 어떤 사안에 감정적으로 다가가면 올바른 판단을 할 수가 없다. 자칫 잘못된 선택으로 일을 그르칠 수도 있는 것이다. 감정이 아닌 미래에 대한 확신과 구성원에 대한 믿음이 바탕이 된 이성적인 열정은 다르다. 열정은 사람을 움직이게 만든다. 조직의 방향을 정하고 비전을 세우고 그 비전을 이루기 위해서는 스스로 움직일 수 있어야 한다. 따라서 열정은 리더에게 매우 중요한 자질이라고 할 수 있다.

세 번째 자질은 온정적인 마음이다.

앞에서 나는 리더도 사람이고, 리더십은 리더가 가진 가치라고 말했다. 사람이기 때문에 리더 역시 가치의 바탕에 반드시 사람다운 온정적인 마음을 품고 있어야 한다. 타인을 배려할 수 있어야 하고 그들의 입장에서 생각해볼 수 있어야 한다.

아버지는 나에게 종종 이런 말씀을 하셨다.

"사람이 귀가 두 개이고 입이 하나인 이유는 자신의 이야기를 하기보다 다른 사람들의 이야기를 더 많이 들으라는 뜻이다."

온정적인 마음을 보여주는 것은 남의 이야기를 들어주는 것에서부터 시작된다. 특히 리더라면 이런 습관은 더욱 중요하다. 다른 사람의 이야기를 듣지 않는 사람이 어떻게 타인의 마음을 이해할 수 있고, 그들의 마음을 움직일 수 있겠는가? 어느 순간에 강하게 밀어붙이고, 어느 순간에 독려와 질책을 하며, 어느 순간에 손을 잡아 이끌어줄 것인가? 또 언제 칭찬을 하고, 언제 격려를 할 것인가? 이런 습관이 사소한 것이라 생각할지도 모르지만, 사실은 사람의 마음을 움직여 행동하게 하는 과정에서 대단히 중요한 것들이다.

네 번째 자질은 균형감각이다.

아마 이 부분이 가장 실천하기 어려운 것일지도 모르겠다. 균형감각이란 개인적인 일, 회사와 관련된 일, 그리고 가족과 관련된 일 사이에서 균형감을 찾는 것이다. 이는 쉬워 보이지만 실제로는 아주 어려운 일이어서 많은 리더가 이 문제로 고민을 하곤 한다. 균형감각을 갖는 것은 삶의 밸런스를 유지하는 것은 물론 개인의 건강관리에도 도움이 된다. 다시 한 번 강조하지만, 균형감각은 리더에게 반드시 필요한 자질이다.

다섯 번째 자질은 다양한 문화적 경계에 대한 이해이다.

특히 글로벌 시대의 리더가 되기 위해서는 다양한 문화적인 경계를 유연하게 넘나들 수 있어야 한다. 이런 요건을 갖추지 못한다면 글로벌 리더가 될 가능성이 없다. 물론 같은 민족, 같은 나라처럼 동일 문화권에 있는 사람들 사이에서는 훌륭한 리더가 될 수있을지도 모른다.

과학도 마찬가지이다. S-OIL은 정유회사이다. 우리 회사뿐만 아니라 모든 정유회사는 동일한 시스템을 가지고 있다. 뉴욕에 있든 서울, 울산, 런던 등에 있든 정유회사의 시스템은 대체로 같다. 한쪽에서 원유를 집어넣으면 반대쪽에서 제품이 나오는 방식이다.

하지만 문화는 그렇지 않다. 각 문화권마다 가치가 다르기 때문이다. 무엇이 옳고 그른지, 무엇을 먹고 무엇을 먹지 않는지 다 다르다. 인사하는 방법도 다르고 사랑하는 방법도 다르다.

앞에서 나는 '리더십은 사람이 사람에게 행하는 사람에 관한 것'이라고 말했다. 다른 문화권을 이해해야 그 문화권 출신의 사람에게도 좋은 리더가 될 수 있다. 그들에게도 열정을 심어주어야하고 조직의 가치를 전달해야 하며 필요한 경우 질책을 하고 칭찬도 해주어야 하기 때문이다. 또 그들의 의견을 경청할 수 있어야하고, 문화적으로 다른 그들의 행동을 이해할 수 있어야 한다.

그들에게 가장 중요한 것은 무엇인가?

그들의 꿈은 무엇인가?

이런 이야기를 듣고 이해할 수 있어야 세계를 주름잡는 진정한 글로벌 리더가 될 수 있다. 일만 잘한다고 성공하는 리더가 되는것이 아니라는 점을 명심해야 한다. 그들의 문화를 이해하는 것을 넘어 그들 나라와 민족, 그들이 가진 문화를 사랑해야 한다. 그들이 가진 아름다운 자연과 그들이 좋아하는 음식도 좋아할 수 있어야 한다. 당신에게 익숙한 문화적 가치관을 바탕으로 새로운 문화를 접하고 그 문화를 판단한다면 그것을 충분히 아끼고 사랑할 수가 없다.

결국 다섯 가지 자질, 즉 열정과 온정, 가치와 균형, 그리고 다른문화에 대한 이해 등을 갖춘다면 진정한 의미에서 글로벌 리더가될 수 있으리라 확신한다. 그리고 모든 사람은 이미 이런 자질을갖추고 있다고 생각한다.

가치는 머릿속에 담겨 있을 것이고, 온정은 마음속에 내재해 있을 것이며, 문화적인 경계는 걸어서 넘으면 된다. 팔을 벌려 균형을 잡으면 되고, 미래에 대한 강력한 추진력인 열정은 누구나 가지고 있을 것이다. 그렇다면 누구나 리더가 될 수 있다는 말이 아

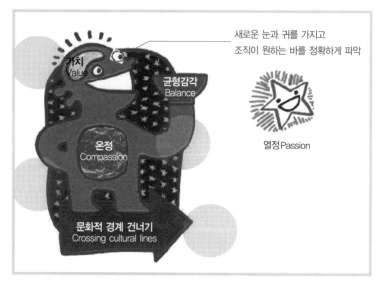

새로운 눈과 귀를 가지고
조직이 원하는 바를 정확하게 파악

가치
Value

균형감각
Balance

온정
Compassion

열정 Passion

문화적 경계 건너기
Crossing cultural lines

니겠는가. 다만 그것을 실천하는 일만 남았을 뿐이다.

CEO의 기대에 적극 부응하라

리더는 항상 우리 곁에 있지만, 기업에 위기가 닥치면 리더의 역할이 더욱 중요해진다. 리더는 조직 구성원들이 그 위기의 핵심을 잡아낼 수 있도록 도와주기 때문이다. 그리고 조직 내에서 리더는 사람에게 집중한다. S-OIL의 예를 들어보겠다. 나는 우리 회사에서 서너 부류의 사람에게 주목한다.

첫 번째 주목 대상은 CEO이다. 우리는 CEO를 위해 일을 해야 한다. 물론 외부에서는 나를 CEO라고 부르지만, 내가 보는 CEO 는 다르다. 진정한 의미에서 우리 회사의 CEO는 Customer(고객), Employee(직원), 그리고 Owner & Stakeholders(이해관계자)이다.

리더가 CEO의 기대에 진정으로 부응한다는 것은 그들이 능력 을 최대한 발휘할 수 있도록 하는 것이다. 그들을 위해 근무 환경 이나 기업문화를 조성하는 것도 한 예이다. 고객은 그런 회사에서 생산된 제품을 구입하는 데 전혀 망설임이 없을 것이다. 주주에게 는 더 많은 수익이 돌아갈 것이고, 우리 회사와 함께하는 이해관

| C.E.O.의 기대 The Expectations of C.E.O. |

Customer (고객)
- 우리의 고객은 누구인가?
- 고객이 기대하는 제품과 서비스는 무엇인가?
- 고객에게 제공해야 할 가치명제는 무엇인가?

Employee (직원)
- 어떤 기업문화를 육성해야 하는가?
- 어떤 동기부여 시스템을 주로 사용해야 하는가?
  - 금전적 보상, 업무의 흐름
- 직원들을 위한 주요 개발/육성 프로그램은 무엇인가?

Owner & Stakeholders (이해관계자)
- 주요 주주들이 기대하는 역할은 무엇인가?
- 주주들이 기대하는 가치창출의 원천은 무엇인가?
  - 성장 지향/수익성 지향
- 다른 이해관계자들(지역사회, 정부)이 기대하는 책임이나 성과는 무엇인가?

계자에게도 더 많은 가치를 제공할 수 있을 것이다. 만약 이렇게 될 수 있다면 이보다 더 좋을 수 없을 것이다.

또 윤리경영을 실천하여 사회적 책임을 다하고, 기업의 지배구조나 재정 운영을 투명하게 유지할 수 있다면 진정으로 성공하는 리더, 성공하는 회사가 될 것이다. 이러한 모든 것은 리더의 리더십이 계기가 되어 모든 직원이 함께 만들어가는 과정으로 리더십의 핵심은 사람이라는 의미이다.

결국 위기를 극복하기 위해 리더가 가장 먼저 해야 할 일은 핵심적으로 관심을 가져야 할 사람이 누구인지 파악하는 것이다.

그렇다면 이들 CEO가 기대하는 것은 무엇일까? 먼저 꼭 알아야 할 것이 있다. 우선 '회사의 진정한 고객이 누구인지' 아는 것이다. 직원 역시 마찬가지이다. 직원이 더 많은 영감을 얻고, 그들이 가진 역량을 최대한 발휘하기 위해 어떤 기업문화를 만들지 생각해야 한다. 이러한 배려의 대상에 주주도 예외가 될 수 없다. 어떤 전략을 세워 어떻게 수익성을 높일 것인지, 그리고 회사의 인지도를 높여 시장점유율을 높일 것인지 고민해서 주주에게 더 많은 수익을 제공할 수 있어야 한다.

독일의 유명한 시인 괴테는 다음과 같이 말했다.

"우리는 항상 우리 스스로를 변화시키고 쇄신시키며 활기를 불어넣어야 한다. 그렇지 않으면 우리는 몸과 마음이 굳어질 것이다."

나는 좀더 충격적인 말을 하고 싶다. 만약 이런 노력을 하지 않는다면 딱딱하게 굳어 죽게 될 것이라고 말이다. 21세기는 스스로 변하지 않으면 뒤처지는 것을 고민해야 하는 시대가 아니라 생존의 문제를 고민해야 하는 시대인 것이다.

미래를 읽고 예측하라

앞에서 리더십은 현재나 지금이 아닌 미래에 관한 것, 즉 미래를 읽고 예측하는 것이라고 했다. 마지막으로 여기에 대한 몇 가지 특별한 이야기를 하려고 한다.

1899년, 그러니까 지금으로부터 100여 년 전에 미국 특허청장을 지낸 찰스 두웰Charles H. Duell은 다음과 같이 말했다.

"지구상에서 발명할 수 있는 것은 모두 발명한 것 같다."

지금 생각해보면 어처구니없는 말이다. 더구나 이 말을 한 사람이 당시 미국의 특허청장이라니 더욱 아이러니하다.

또 해리 M. 워너Harry M. Warner라는 사람이 있는데 아마도 이름만 들어서는 그가 누구인지 모를 것이다. 그는 영화사 워너브러더스의 창립자로 영화관에 가면 자주 볼 수 있다. 그가 영화를 만들던 1927년에는 목소리가 나오지 않는 영화, 즉 무성영화의 시대였는데, 그는 이런 말을 남겼다.

"과연 누가 배우의 목소리를 듣고 싶어할까? 유성영화를 만들겠다는 것은 아주 멍청한 아이디어이다."

물론 당시 시대상황을 고려한다면 틀린 말도 아니고 이해가 되기도 한다. 하지만 시간이 흐르자 그의 예측은 빗나갔다. 지금은 말도 안 되는 이야기라고 할 것이다. 그러나 당시 그는 주장을 굽히지 않고 '유성영화가 아닌 무성영화로 가자'라고 당당하게 이야기했다.

역사에서 이런 예는 흔하다. 심지어 우리가 흔히 이야기하는 권위자, 천재적인 사람들도 예측이 빗나간 경우가 많다. 1923년 노벨 물리학상을 받은 로버트 밀리칸Robert Millikan 역시 당시 물리학계에서 세계적인 권위자로 인정받고 있었지만 이런 말을 했다.

"인간이 원자의 힘을 활용할 수 있는 가능성은 없다."

당시 세계적인 물리학자의 입에서 나온 말이다. 그러나 그로부터 20여 년이 지나 원자폭탄이 만들어졌고, 온 지구를 휩쓴 전쟁의 종말을 고한 기폭제가 되었다. 더구나 지금 원자는 무기는 물론이거니와 전기를 생산하고, 의학에도 활용되는 등 다양하게 활용되고 있다.

1660년에 창립된 영국 런던에 있는 왕립자연과학학회의 회장이었던 로드 켈빈Lord Kelvin은 1895년에 이런 말을 한 적이 있다.

"인간은 하늘을 날고 싶은 열망으로 가득 차 있다. 그러나 공기보다 무거운 기계가 하늘을 나는 것은 절대로 불가능하다."

1921년 미국 프로야구 명예의 전당에 등재된 트리스 스피커Tris Speaker라는 선수는 미국 야구의 전설로 남아 있는 베이브 루스에 대해 이런 말을 했다.

"베이브 루스가 투수를 포기한 것은 엄청난 실수를 저지른 것이다."

베이브 루스는 투수로 야구를 시작했고 뛰어난 성적을 거두지는 못했지만 비교적 유명한 투수로 알려져 있었다. 그러나 이후 타자로 전환하여 엄청난 성공을 거두었다. 여러분도 알다시피 베이브 루스는 미국 역사상 최고의 타자로 이름을 날렸다. 그러나 트리스 스피커는 '아, 이 사람 잘못된 판단을 한 거야'라고 말했던 것이다.

마지막으로 소개하는 사람은 미국의 22대와 24대 대통령을 역임한 그로버 클리블랜드Stephen Grover Cleveland이다.

"현명하고 책임감 있는 여성은 투표하기를 싫어한다."

그가 1905년에 한 말이다. 21세기 여성들이 이 말을 듣는다면 과연 어떻게 생각할까?

내가 이런 예를 든 이유는 리더십은 미래와 관계가 있다는 말을 하고 싶어서이다. 우리가 살아갈 미래사회는 지금과는 비교할 수도 없을 정도로 완전히 다른 세계일 것이다. 앞에서 '이건 왜 못하는지, 이건 왜 할 수 없는지?'에 대해 말한 사람을 여럿 소개했다. 그런 부정적인 의견을 낸 사람들은 놀랍게도 자기 분야에서 최고를 달리던 전문가였다. 그러나 그들의 말은 모두 틀렸고 세상은 그들의 예언과는 반대로 흘러왔다. 그나마 다행스러운 것은 당시 그들의 말에 주목하는 사람이 거의 없었다는 점이다.

따라서 여러분도 다른 사람들의 이야기에 너무 귀를 기울이지 말고 여러분의 길을 가길 바란다. 미래는 매우 복잡한 양상으로 흘러갈 것이고, 우리의 상상을 뛰어넘는 세상이 기다릴 것이다. 그래서 리더의 역할이 더 중요해지고 그 역할이 더욱 다양해질 것이다. 리더라면 다른 사람이 보지 못하는 것을 먼저 볼 줄 알아야 한다.

리더는 미래를 내다보고 준비하는 사람이다. 그러기 위해서는 자신에 대한 확신과 믿음이 필요하다. 그런 믿음과 확신이 있어야 다른 사람에게 새로운 영감을 줄 수 있고, 진정한 리더가 될 수 있다고 생각한다. 미래 한국을 이끌어갈 한국의 글로벌 리더 여러분, 미래를 향해 힘차게 나아가길 바란다.

| 아흐메드 A. 수베이의 경영노트 |

1. 리더는 복잡한 양상으로 전개될 미래를 내다보고 준비하는 사람이다.
2. 진정한 의미의 글로벌 리더가 되려면 열정과 온정, 가치와 균형, 그리고 다양한 문화에 대한 이해와 같은 자질을 가지고 있어야 한다.
3. 리더는 Customer(고객), Employee(직원), 그리고 Owner&Stakeholders(이해관계자)의 기대에 진정으로 부응해야 한다.

CEO
생생 토크

01_ CEO로서 가장 행복했을 때가 언제였는지 말씀해주십시오.

행복했던 경험이 아주 많습니다. 그중에서 가장 행복했던 순간을 꼽으라면 아이디어를 구상해서 실천하는 과정입니다. 미래를 준비하는 것은 쉬운 일이 아닙니다. 미래를 아는 사람이 아무도 없기 때문입니다. 경영진과 회의를 할 때에도 마찬가지입니다. 새로운 아이디어가 나오면 아무도 확신하지 않지요. 오히려 부정적인 견해를 내놓는 사람이 많습니다. 하지만 저는 아이디어에 확신을 가지고 실제로 계획으로 옮기고, 그 계획이 현실이 되는 순간 희열을 느낍니다. 그 순간이 가장 행복하지 않나 생각합니다. 정말 하늘에 떠 있는 기분이 들지요. 그러면 저는 직원들과 함께 저녁을 먹으면서 오십세주를 마시는데 그 행복한 기분은 이루 말할 수가 없습니다.

02_ 리더의 자질에 대해 말씀하셨는데, 이러한 다섯 가지 자질을 키우려면 어떻게 해야 할까요?

아시아 인들은 무엇이든 타고나야 한다는 믿음이 있는 것 같습니다. 사우디아라비아 인들도 한국인들과 마찬가지로 그런 생각을 합니다. 용기와 같은 기질도 타고나야 한다는 생각을 많이 하는 듯합니다. 하지만 저는 그렇게 생각하지 않습니다. 사람은 모든 자질을 가지고 태어난다고 생각합니다.

복잡한 세상에서는 다양한 유형의 리더십이 필요합니다. 세상이 빠르고 복잡하게 변하기 때문이지요. 이런 상황에서 좋은 리더가 되려면 좋은 리더의 곁에서 실제로 보고 배우는 것이 가장 좋은 방법입니다. 아무리 훌륭한 리더라도 모든 상황에서 훌륭한 리더십을 발휘할 수 있는 것은 아닙니다. 하지만 사람은 모든 자질을 가지고 태어나므로 리더의 행동을 보며 따라하다보면 자신도 모르게 능력을 발휘할 수 있을 것입니다. 사람이라면 모두 리더의 자질이 있기 때문입니다.

리더십은 사람과 미래에 관한 것이라고 이야기했습니다. 사람을 진심으로 아끼고 사랑한다면, 그리고 미래에 대해서 정말 열정적으로 고민한다면 여러분은 벌써 리더인 것입니다. 자신이 모르고 있을 뿐입니다. '미래는 분명 지금과는 다를 것이다'라고 믿는다면, 여러분은 이미 미래를 아는 것입니다.

또 리더는 온정적인 마음이 필요하다고 했는데, 누구나 그런 마음을 키울 수 있지 않을까요? 밸런스, 즉 균형도 마찬가지이고요. 누구나 언젠가는 자신의 삶에서 균형을 찾을 수 있을 것입니다. 키가 크거나 작고 몸무게가 많이 나가거나 적게 나가고 이것이 중요한 것이 아닙니다. 인종이나 머리 길이가 길고 짧은 것도 문제가 되지 않습니다. 중요한 것은 인간으로서의 자질입니다. 사람에 대한 신뢰와 미래에 대한 열정이 있다면 여러분도 리더가 될 수 있습니다.

03_ 지금 S-OIL에서 리더로서 역할을 하고 계신데요, 자신을 지탱하게 해주는 철학이나 문장이 있으신지요? 또 리더로서 마음에 새기고 있는 모토가 있다면 무엇인지 알고 싶습니다.

깊게 생각해본 적은 없습니다만, '열심히 일하고 열심히 일하라'라는 말을 좋아합니다. 또 '다른 사람보다 더 큰 것을 이루었으면 좋겠다'라는 생각을 하는데, 저는 이 말에 확신이 있습니다. 우리는 사람들에게 봉사하기 위해서 존재하는 것입니다. 화학을 전공하는 학생이라면 사람들에게 더 나은 삶을 줄 수 있는, 또는 사람들에게 경제적인 이득을 줄 수 있는, 또는 더 나은 환경을 제공해줄 수 있는 그런 사람이 되기를 바랍니다. 사실 이런 말은 제 자신에 관한 것이라기보다는 우리에 관한 것입니다. '나'가 아니라 '우리'에 관한 것이지요. 그리고 이런 모토를 가지고 있다면 목표를 달성할 수 있으리라 생각합니다. 더 멀리 뛸 수 있다고 믿습니다. 그리고 남들보다 더 빨리 갈 수 있다고 생각합니다.

04_ 리더십은 사람과 미래에 관한 것이라고 말씀하셨는데요, 무언가를 하려다 실패해서 동료들과 갈등이 생긴다면 어떻게 해야 할까요? 그런 실패를 경험한 사람들에게 해주고 싶은 조언이 있다면요?

리더십의 또 다른 면모가 있다면 그것은 바로 용기입니다. 온정주의는 가슴에 있고 다리로는 문화의 경계를 넘어서고 그리고 손으로는 균형감각을 살리라고 말씀드렸습니다. 여기서 말하는 온정은 단순히 마음만을 말하는 것이 아니라 용기를 뜻하기도 합니다. 용기는 사람에게 뚝심을 키워줍니다. 사람들이 꿈을 좇다가 실패하는 이유는 실패에 대한 두려움 때문입니다. 그리고 실패를 두려워한다면 절대로 성공하지 못할 것입니다. 실패에 맞설 수 있는 용기가 필요합니다.